日下舊聞卷二十五

京畿一　良鄉　固安　永清　香河

良鄉縣在府西南七十里 明一統志

良鄉漢縣屬涿郡 清類天文分野之書

莽曰廣陽 漢地理志注

後漢仍曰良鄉 縣志

晉屬范陽國元魏屬燕郡北齊天保七年省入薊縣武平六年復置隋屬涿郡唐聖曆元年改固節縣神龍元年復爲良鄉 清類天文分野之書

唐以不從安史之叛改名固節 名勝志

舊志在涿州北四十里後唐長興三年移治于此 方輿紀要

良鄉縣乃唐莊宗時趙德鈞所鎮也幽州歲苦契丹侵抄轉餉乃于鹽溝置良鄉縣 許奉使行程錄

契丹旣强寇抄諸州皆徧幽州城門之外甲騎充斥每自涿州運糧入幽州輒伏兵于閻溝掠取之及趙德鈞爲節度使城閻溝而戍之爲良鄉縣 通鑑

良鄉亦稱鹽川因境內有鹽溝故也鹽溝卽閻溝發源自宛平縣龍門口東南流與廣陽水合 長安客話

遼屬析津府 遼史地理志

統和十九年十月己亥南伐壬寅次鹽溝 遼史聖宗紀

保大二年蕭斡破宋師于良鄉 遼史天祚紀

金屬大興府 金史地理志

貞祐二年車駕遷汴發中都至良鄉糺軍斫荅等亂殺

主帥降蒙古 大金國志

元屬大都路 元史地理志

明洪武元年隸北平府永樂元年改北平爲順天府屬焉 縣志

聖水南流歷良鄉縣西轉又南經良鄉縣故城西王莽之廣陽也有防水注之 水經注

傳逮述遊賦出北薊歷良鄉登金臺觀武陽兩城遼廓舊迹冥芒 同上

景泰元年十二月築良鄉縣城 實錄

弘治六年二月兵部主事歐鉦上言良鄉涿州在京師肘腋止有土城而無石郭正統末年也先深入如蹈無人之境方今無事宜豫爲之計上命所司知之兵部奏鉦所言守土大要宜如奏行從之 孝宗實錄

良鄉土城舊高二丈隆慶中知縣事貴陽安上達增築之高三丈二尺東南北有甕城而西門獨缺垂二十年濟陽王道定來知縣事遂完之 良鄉縣志

良鄉燕山屬邑驛中供金粟梨天生子皆珍果又有易州栗甚小而甘 石湖集

范成大良鄉詩 新寒凍指似排籤村酒雖酸味可嫌紫爛山梨紅皺棗總輸易栗十分甜 同上

李濂良鄉道中詩 春色南逾麗蕭蕭旅思分年芳提樹影晴彩蕩川文沙鴈衝車起洲鶯隔岸聞暮看霞氣近疑是漢宮雲 嵩渚集

陳邦瞻良鄉道中詩 作客三千里聞雞戒早征嚴程

趨赤縣王氣近神京塔勢中天出觚稜向日明白頭思報主莫動望鄉情 荷華山房稿

彭輅良鄉道中詩昔去經衰柳今歸見早梅朱塵飛不盡白日照難開短劍餘孤憤長歌動七哀年年薊門道空老洛陽才 比部集

魏大中良鄉縣詩彰義門西路桑乾古渡分長羈乘傳馬不斷出關軍沙白連荒戍城黃壓暮雲車牛徵到骨募泒底紛紛 藏密齋集

良鄉學宮故有李北海雲麾將軍碑學官以其已斷因修大成殿琢為柱礎後更葺殿宇雜置瓦礫有南士見之以告宛平令南陽李蔭遣人輦致署中起齋覆之北海嘗書兩雲麾將軍碑其一為左衛將軍李思訓此名

秀幽州人 燕山叢錄

唐雲麾將軍李秀碑李邕撰并行書天寶元載正月立明皇以天寶三年改年為載今此碑元年正月立而稱載何哉 金石錄

李北海書以雲麾將軍碑為第一其融液屈衍紆徐妍溢一法蘭亭碑刻在長安今良鄉縣拓本遠不如也 墨池瑣錄

北海書逸而遒米元章謂其屈強生疏似為未當此碑是其得意者雖剝蝕過半而存者其鋩鐵凜然碑在蒲城楊用修謂已斷正德中劉遠夫御史以鐵束之又謂已亡朱秉器又謂良鄉亦有此碑蒲城者為趙文敏臨書今蒲城碑尚在未斷無有鐵束事且蒲城李思訓碑

處北海眞跡的非文敏所能良鄉本肥媚文敏書無疑 石墨鐫華

范陽李秀唐明皇時以功拜雲麾將軍左豹韜衛翊府中郎將封遼西郡開國公卒于開元四年葬范陽福祿鄉碑刻于天寶元年李北海有兩雲麾碑一爲李思訓在陝西一爲此碑其官同其姓同也此碑筆法遒逸大勝陝碑秦人趙子函著石墨鐫華乃以爲一碑且以此碑爲趙松雪所臨誤矣 春明夢餘錄

趙渢良鄉縣學詩儒宮宜地僻竟日有餘清殿古碑仍在庭空草自生風高時落木雲重欲摧城客興已瀟灑秋堂更雨聲 中州集

良鄉城隍廟舊在縣西南隅景泰二年因築城而廟遂隔于城外潯陽鄭智爲主簿謀于知縣賈禨擇地于城内西北隅建廟以景泰六年二月興役明年七月工竣 呂文懿公集

天王寺在縣治東南 縣志

鄔紳良鄉天王寺詩驛路絶浮埃城闉寶殿開諸天朝魏闕六道接燕臺珠樹隺飛去金蓮龍駕來晨鐘促征客結駟入蓬萊 鄔中憲集

固節驛以縣得名金主亮荒淫不道使唐括定哥殺其夫節度使烏帶而以定哥爲貴妃又納其叔母爲昭妃復召葛王烏祿妃烏林荅氏妃謂烏祿曰妾不行上怒必殺王我當自裁不以相累行至良鄉驛妃問何名左右以固節對妃曰我得死所矣遂自殺 長安客話

李嘉賓題固節驛詩狂金跨中原南渡轉炎精海陵滅三綱醜類禽獸行殺夫納其婦節義漸以傾賢哉葛王妃挺挺女中英被召欲不往夫禍與之并辭王遣使去庶使全王生行矣死傳舍而不墜初盟烏祿得再世衆推帝東京江上斃兇逆境內樂昇平人稱小堯舜實延完顏祚燕山有佳色燕水有餘清山青節不朽水遠流芳聲乾坤氣磊落驛名永以旌 同上

料石岡在縣治東三里岡有古城五座方圓碁布岡頂有多佛塔隋建 方輿紀要

艮鄉縣城東里許有石岡石赤色如燎可以取火因名燎石岡舊有佛塔亦名塔岡 長安客話

金貞元元年獵于艮鄉封料石岡神爲靈應王初海陵

過此祠持环珓禱曰使吾有天命當得吉卜投之吉又禱曰果如所卜他日當有報否則毀爾祠宇投之又吉故封之 金史

袁宏道月夜登塔岡詩秋山瀲瀲滴青霧城外人家城裏樹白埃一道衝紅亭正是馬蹄離別處 中郎集

廣陽故城在今縣東北三十七里 太平寰宇記

廣陽城在縣東八里漢縣屬廣陽國後漢建武初封劉艮爲侯邑屬廣陽郡晉屬范陽國後魏屬燕郡北齊省入薊唐總章中以新羅降戶置歸義州于此後廢開元二十年復置以處降奚唐書時信安王禕破奚契丹李詩降賜爵歸義王歸義州都督徙部落于幽州境內郎此上元三年史朝義自歸義東奔廣陽此廣陽謂密雲

郡之廢燕樂縣後魏置廣陽郡于燕樂故云所謂歸義即此城也州尋廢或曰金廣陽鎮蓋置于此方輿紀要

縣西十里伏龍岡形勢蜿蜒如龍之伏故名又五里爲龍泉山山下有石龍口出泉不竭東流入鹽溝河名勝志

龍谷泉金大定間所鑿極甘在良鄉縣西北寰宇通志

燕廣城君樂毅墓在縣南三里城冢記

望諸君墓在良鄉縣治南三里近盧溝堤決役夫輿墓磚築堤恐後無徵矣胡祭酒集

盧道將爲燕郡太守下車表樂毅霍原之墓而爲之立祠魏書本傳

柳宗元弔樂生文并序許縱自燕來曰燕之南有墓焉其志曰樂生之墓余聞而哀之其返也與之文使弔焉辭曰大廈之驁兮風而萃之車亡其軸兮乘者棄之嗚呼夫子兮不幸類之尚何爲哉昭不可留兮道不可常畏死疾走兮狂顧徬徨燕復爲齊兮東海洋洋嗟夫子之專直兮不慮後而爲防胡去規而就矩兮卒陷滯以流亡惜功美之不就兮俾愚昧之周章豈夫子之不能兮無亦惡是之遑遑仁夫樹趙之惘欵兮誠不忍其故邦君子之容與兮彌億載而愈光諒遭時之不然兮匪謀慮之不長跽陳辭以隕涕兮仰視天之茫茫苟偷世之謂何兮信一作言余心之不臧柳先生集

湯顯祖弔望諸君墓詩昭王靈氣久陳蕪今日登臺

弔望諸一自蒯生流淚後幾人曾讀報燕書 玉茗堂集

聖水出上谷東過良鄉縣南又東過長鄉縣北又東過安次縣南 水經

按冊府元龜霍原墓在鑫州

琉璃河又名劉李河在涿州北三十里水極清泚茂林環之尤多鴛鴦千百成群此河大中祥符間路振乘軺錄亦謂琉璃河唯嘉祐中宋敏求入蕃錄乃謂之六里河 石湖集

良鄉縣南四十里有琉璃河自房山龍泉峪流至霸州入拒馬河又胡良河自房山經涿州入此河舊有橋長數十丈橋畔倚一鐵竿長數十尺蓋鎮壓之物俗謂王彥章所遺鐵篙謬也其元恩咸濟二坊並世廟勅建 長安客話

琉璃河即金史所載之劉李河桑欽水經曰聖水出上谷孫汝澄曰即琉璃河也 燕都遊覽志

元延祐四年於琉璃河置巡檢司 方輿紀要

永樂十六年七月修順天府琉璃河橋 成祖實錄

嘉靖二十五年九月濬良鄉琉璃河置橋其上名其橋北曰仙積南曰永明 世宗實錄

雷禮琉璃河橋隄記良鄉縣迤南四十里村名劉李其地窪下爲積流所瀦有河一道志稱琉璃即古聖水自房山縣龍泉峪諸泉會合於此經霸州東注拒馬河入海時逢霪潦散漫奔潰百餘里凡陸輓陸馳

者動阻滯不能涉甚或四方驛奏坐視愆期嘉靖乙亥皇上駕幸承天覩民艱涉惻然憫之比鑾回勅工部尚書臣甘爲霖督修爲霖以病去不終其事越歲乙巳復命侍郎臣楊麟內官監太監臣陳準袁亨建石橋普濟各以績叙然無隄捍禦每遇潦暑水發環橋南北盡爲巨河難以越渡往來病是者又閱八年矣會辛酉仲冬事聞當宁蒙諭尚書徐杲曰良鄉河橋屢勅大臣督理水勢漲未見東下玆帑銀八萬兩爾總領之勿令外知恐民費財也杲受命相度建議修築二隄專用條石中添小橋一座並設水溝以殺水勢其各漲丈尺數目畫圖貼說以進臣杲曰皇上體上天大德利濟元元吾輩職司橋梁道路不能先

事預慮致廑聖懷責實難辭况部庫所貯分毫皆皇上財也敢煩帑藏具疏請任事荷旨俞允於是委郎中臣王尚直員外郎曾一經同內官監太監臣楊用分理其規畫悉臣杲所定凡爲隄南北東西共長五百餘丈橋一座長四丈五寸濶三丈五尺高一丈三尺五寸水溝八道又親餙欽定元恩咸濟坊凡二座至壬戌孟冬報成上遣臣杲懸扁祭謝并溥賚有差於是臣杲立石屬臣禮頌述聖德垂示永久竊爲萬古稱盛治莫過於堯舜史臣稱其仁如天其德好生者以心存溥濟不忍一夫一區咨墊而已而橋梁道路尤爲王政所急今我皇福民利濟常存心于天下至誠懇切如元德包涵故一關民之病涉有若已實

溺之不容以自已者其所以發帑藏普福緣不欲勞民費財煩耶格乎穹昊之表與堯舜同一揆矣卽今石隄延袤與橋相連袞若橫帶使萬國輻輳而至澤及商旅農氓相與歌忭于途謳溢于野不與平成之績萬世同其永賴耶是役也臣禮不過祗奉德意率舉職事而臣杲之調度區畫實能爲九重分憂播之無疆不徒隨事効能而已因記其顛末以告來者古和藁

范成大琉璃河詩烟林蔥蒨帶回塘橋影驚人失睡鄉隄起褰帷揩病眼琉璃河上看鴛鴦石湖集

文天祥過雪橋琉璃橋詩小橋度雪度琉璃更有清霜滑馬蹄遊子衣裳和鐵冷殘星荒店亂鳴雞吟嘯集

袁中道琉璃橋詩飛沙千里障燕關身自奔馳意自閒日暮郵亭還散步琉璃橋上看青山珂雪齋集

嘉靖十八年四月己亥艮鄉離宮成初帝命於艮鄉琉璃河陽建立離宮至是適成庚戌帝次艮鄉御離宮肅皇外史

北涉溝南涉溝俱在縣東至涿州入桃水名勝志

聖水自涿縣東與桃水合首受淶水于徐城東南艮鄉西分洹水世謂之南涉溝卽杭水也水經注

南涉溝卽督亢水方輿紀要

北涉溝在涿州西北自淶水縣流入卽洹水也同上

洹水東逕涿縣北東流注于桃故應劭曰垣水東入桃

闞駰曰至陽鄉涯之水經注

隋楊君讓墓在陽鄉舊店西有古碑 名勝志

木華佐元大定天下功冠群臣其孫安童年二十餘爲世祖相安童孫拜住爲英宗相皆以忠勤正大爲一代名臣東平其世封也拜住爲相奉命立安童碑于范陽在今良鄉 穀城山房筆麈

孛术魯翀駐蹕頌繼天體道敬文仁武大昭孝皇帝卽位修明世祖皇帝隆平故事以故東平忠憲王之孫司徒忠簡王之子拜住丞相中書至治元年詔若曰忠憲弼我世皇功在社稷德在生民其勑詞臣卽王所有范陽采地朔南康莊碑之昭示悠久冬刻銘既完丞相承詔蕆事明年春正月帝幸涿州至碑所

秋九月幸易州還丙午帳殿碑垣之南駐輦御殿上顧丞相若曰汝祖考之績之盛世載帝室惟朕不忘亦惟汝之賢有以相朕益懋世德故丞相頓首謝翌日大官餼巳上步自帳殿御金椅坐碑右丞相稱觴獻萬歲壽從臣以次進觴天顏和怡甚久迺去 中州文表

元劉器之五世同居英宗幸涿州臨其家旌異焉 名勝志

按元史孝友傳稱史氏所載累世同居凡一十七門而無劉器之則潛德未彰于史冊者不少矣

天津關在縣北百餘里自此而西至易州淶水縣出大

龍門凡十五關口中間差大者曰大門關口或天津口一名大口宋嘉定六年蒙古破金人瀛莫等州自大口逼中都又元致和元年上都諸王梁王王禪等襲破居庸游兵至大口天曆二年明宗即位于和林北南還文宗迎之發京師明日至大口越二日次香水園又十九日次于上都之六十店所謂大口皆天津口也 方輿紀要

固安縣在府西南一百二十里 明一統志

固安本漢方成縣屬廣陽國後漢屬涿郡改成爲城 清類天文分野之書

聖水東逕長興城南又東逕方城縣故城李牧伐燕取方城是也魏封劉放爲侯國 水經注

晉屬幽州范陽國元魏屬范陽郡北齊省爲 清類天文分野之書

隋開皇九年自今易州淶水縣移固安縣于漢方城縣地取漢固安縣爲名其漢故安縣故城自在易州易縣東南七百步 續通典

漢故安縣即今易州隋開皇中始改置于故方城縣界乃改故爲固 舊唐書

唐武德四年屬北義州移治歸義縣章信堡城貞觀元年省州以縣屬幽州 清類天文分野之書

方城舊城在今縣東南十七里 括地志

大曆四年改屬涿州 方輿紀要

周世宗伐契丹下關南瀛莫二州遣先鋒將劉重進先

發據固安即今縣治 同上

遂金仍屬涿州金割以遺宋宋名涿水郡威德軍節度縣隸焉未幾金取之仍爲涿屬邑元割屬霸州又改屬大興府中統四年升爲固安州屬大都路洪武二年降爲縣 清類天文分野之書

縣治初無城郭正德辛未群盜起山東轉掠河北縣常被殘民始知懼知縣事西安王宇始創土城周方五里餘崇二丈三尺爲門四東曰寧遠西曰豐樂南曰迎薰北曰拱極上各建層樓三楹嘉靖二十九年壽光蘇繼來知縣事改甃以甎四十四年知縣事河南何永慶增土加甓因舊制而重修之城濠則嘉靖中知縣事安陽李玦所鑿而何永慶重濬焉 固安縣志

縣治在城西北隅其左爲儒學學宮東偏有尊經閣金護國仁王寺佛閣也有飛騎尉兼管常平倉李成彥碑記正德丙寅知縣事太康劉混并入于學宮 同上

關侯廟在縣治西南金明昌中建元延祐三年重修殿懸義勇武安王廟扁後題延祐五年九月翰林編修官牛師厚書豫章李仝撰碑 同上

固安縣東北八里有張華村村人指石井欄八角曰故宅處 帝京景物畧

張華村臨桑乾河 郡國志

按宛平亦有東張華村西張華村在西直門外八里莊相近蔣仲舒謂華宅在盧溝橋東而晉書本傳云方城人當以在固安者爲是

臨鄉城在故方城縣南十里漢縣屬涿郡後漢省劉昭曰趙孝成王十九年與燕易土以臨樂與燕卽此城也 方輿紀要

濩澱水上承濩陂於臨鄉縣故城西東南逕臨鄉南漢封廣陽王子須爲侯國地理記曰方城南十里有臨鄉城故縣也 水經注

福祿水出西山東南逕廣陽縣故城南東入廣陽水亂流東南至陽鄉縣右注聖水聖水又東南逕陽鄉城西不逕其北矣縣故涿之陽亭也地理風俗志曰涿縣東五十里有陽鄉亭後分爲縣王莽時更名章武卽長鄉縣也按太康地記涿有長鄉而無陽鄉 同上

陽鄉故城在今縣西北二十七里後漢省晉復置爲長鄉高齊天保七年省入涿縣其城亦謂之長鄉城 太平寰宇記

陽鄉魏收志作萇鄉 方輿紀要

聖水縣西北有武陽城相傳燕昭王所築 城邑考

固安東南逕韓城東詩韓奕章曰溥彼韓城燕師所完王錫韓侯其追其貊奄受北國鄭玄曰周封韓侯居韓城爲侯伯言爲獫夷所逼稍稍東遷也王肅曰今涿郡方城縣有韓侯城世謂寒號非也 水經注

成王十二年王帥燕師城韓王錫韓侯命 竹書紀年

昔周宣王亦有韓侯其國也近燕故詩云普彼韓城燕師所完其後韓西亦姓韓爲衛滿所伐遷居海中 潛夫論

武王子初封于韓其時召康公封于北燕實爲司空王命以燕衆城之曹氏詩說

溥彼韓城燕師所完涿郡乃燕地也又有奄受北國之言水經注聖水逕方城縣故城北又東南逕韓城東引韓奕之言爲證梁山恐是方城縣相近梁門界上之山李氏詩譜

燕師所完鄭箋以燕爲燕安王肅云今涿郡方城縣有韓侯城燕北燕國愚謂詩云奄受北國肅說爲長困學紀聞

水經注聖水逕方城縣故城北又東南逕韓城東王肅曰今涿州方城縣有韓侯城魏書地形志范陽郡方城縣有韓侯城按史記燕世家易水東分爲梁門今順天

府固安縣有方城村卽漢之方城縣也水經注又云濕水逕良鄉縣之北界歷梁山南高梁水出焉是所謂奕奕梁山者矣舊說以韓國在同州韓城縣竊疑同州去燕二千餘里卽令召公爲司空掌邦土量地遠近興事在力亦當發民于近甸而已豈有役二千里外之人而爲築城者哉召伯營申亦曰因是謝人齊桓城邢不過宋曹三國而召誥庶殷攻位蔡氏以爲此遷洛之民無役紂都之理此皆經文明證況其追其貊乃東北之夷而蹶父之靡國不到亦似韓土在北陲之遠也日知錄

韓侯城今縣南名韓砦營者是名勝志

固安縣西南十八里有土臺俗呼雀臺傳是趙李牧故

瀆同上

桑乾河自艮鄉縣流注縣界又東南流入東安縣境合于巨馬河 方輿紀要

桑乾河在縣西二十里至燕丹口分而爲二其一至通州入白河其一逕小直沽入于海 名勝志

永樂二年十月修順天府固安縣渾河決岸七年六月固安縣渾河決賀家口傷禾稼命工部亟遣官修築十五年閏五月修固安縣孫家口堤岸 成祖實錄

正統八年六月渾河水溢決固安縣賈家口張家口等隄詔隣近州縣協力修築十一年六月渾河水泛賈家里張家口隄決命有司修築之 英宗實錄

正德中渾河隄決禾黍悉爲巨浸嘉靖初徙流縣北十里入永清縣界 方輿紀要

巨馬河在固安縣理西一百一十里 太平寰宇記

盧溝河入縣境復分流入霸州界謂之巨馬河或謂之安陽河周顯德六年世宗遣先鋒將劉重進據固安自至安陽水作橋誅取幽州會有疾而還建文時燕王駐兵固安渡巨馬河即此 方輿紀要

曲洛溝源自督亢陂經縣南東注方城泉 太平寰宇紀

聖水東南流右會清淀水水發西淀東流注聖水謂之劉公口也 水經注

涿州管下固安縣有獨流村 金人疆域圖

金張君墓在押敵村西北一里有石刻云故贈儒林郎清河張君之墓明昌二年立石墓前石獸尚存 縣志

元宋侯墓在駝頭村西南半里有石刻云大元故武畧將軍大都路都總管府判官宋侯墓翰林學士承旨歐陽光書至正十四年立石 同上

栗園在縣界北魏孝昌三年上谷賊杜洛周遣其黨曹紇眞掠薊南幽州刺史常景遣將于榮擊破之于栗園是也 方輿紀要

永清縣在府南一百五十里 明一統志

永清漢益昌縣屬涿郡爲侯國東漢省晉因之 清類天文分野之書

巨馬水東逕益昌縣故城南漢封廣陽頃王子嬰爲侯國王莽之有秩也風俗記曰方城縣東八十里有益昌城故縣 水經注

隋大業七年開渠通逖於縣西五里置通澤縣後罷唐如意元年改武隆縣景雲元年改會昌縣天寶元年改永清縣 清類天文分野之書

石晉時沒于契丹周世宗復取之宋初爲覇州治景祐二年并入文安縣金復置 方輿紀要

金御史中丞李英元帥左都監烏古論慶壽領兵護軍食以援中都帝遣右副元帥神撒將四百騎迎戰石抹明安將五百騎繼之遇于永清將戰命士卒佯敗金兵來追廻擊大破之死及溺死者甚衆獲李英及所佩虎符得糧千餘車遂招諭永清不降拔而屠之 元史

元屬大都路 清類天文分野之書

縣名取邊境永清之義地居渾河下流頻年爲患一望

無涯僅遺城南三五村頹垣覆舍而已 長安客話

舊城周三里日久傾頹正德五年流賊突犯燬官舍刼倉庫知縣事郭名世始拓土城袤五里餘隆慶二年署縣事霸州判官王建議廢寺塔廟觀甃磚城後被大水衝塌萬曆三十七年知縣王嘉績重修四十二年知縣楊夢雄復修之 永清縣志

縣治在城西儒學在縣治西南元燬里軍都押司官蕭薩八建成化間遷于城東南隅翰林學士汪楷作碑記 同上

縣治東南譙樓有鐘篆文斑剝莫辨歲月相傳唐貞觀末桑乾河決衝沒城垣得此鐘于水涘至今父老謂之自來鐘 同上

崇禎庚辰三月既望大風揚沙京營大將旗吹墮永清縣 野老漫錄

永清城外東南隅百步有三塔寺蓋唐剎也石幢尚存上書大周壁曆元年二圀八囝武隆縣令聞生元相奉爲金輪壁神武皇帝造四面像救浮圖一所供養後紀上柱國以下官名字多堙滅 上林彙考

金鵲廟在縣南三里廟祀關壯繆侯修葺時掘地得金鵲二翼故名草中有遼大安年所立石幢 同上

通澤廢縣在縣西五里 方輿紀要

縣西北十五里辛窖村龍泉寺有白石塔 永清縣志

史丞相天澤墓在縣西南二十里黑垡村墓前神道碑翰林學士王磐所撰 同上

隆慶寺在城西义口村殿前香爐石基遼乾統年所立乾統者遼天祐之紀年也當金人侵逼之餘奔亡之不暇而邦人猶宴然施梵宇以金碧爲此不急之務亦可鑒已 上林彙考

縣南拒馬河自霸州流經東安縣境又東入縣界而注于武清縣之三角淀即盧溝河及易水之下流也 方輿紀要

永清舊苦河患嘉靖三十一年水溢漂没廬舍至萬曆三年巡撫王一鶚築堤障之延袤五十里及二十二年復抵縣界且逼城垣三十五年淫雨堤崩東城下又有巨蛇丈餘爲祟知縣李循爲民所禱立祠水患稍息 永清縣志

劉越石壇在拒馬河之陰晉太尉劉琨欲圖燕薊築壇與段匹磾歃血同盟翼戴王室今遺址尚存 同上

幽州刺史段匹磾數遣信要劉琨同奬王室琨由是率衆赴之從飛狐入薊共討石勒匹磾推琨爲大都督喢血載書檄諸方守俱集襄國進屯固安以俟衆軍 晉書

雁月樓在信安鎮 永清縣志

東安縣在府南一百五十里 明一統志

東安古安墟黃帝制天下以立萬國始經安墟合符釜山即此 長安客話

安次漢舊縣縣東枕永濟渠漢武帝以屬燕國王旦有罪削以屬渤海郡續漢書郡國志安次屬漁陽郡 太平寰宇記

晉屬燕國後魏仍屬燕郡隋屬涿郡 方輿紀要
唐武德四年徙置東南五十里石梁城貞觀八年又徙今縣西五里常道城開元二十三年又徙耿就橋行市南 遼史
遼金並因之元初屬大興府後屬霸州中統四年升東安州屬大都路洪武二年降爲縣 清類天文分野之書
至正十八年三月東安潮州榔林日有警報京師備禦四隅俱立大都分府 元史百官志
易水出涿郡故安縣閻鄉西山東過范陽縣南又東過容城縣南又東過安次縣南 水經
聖水又東逕渤海安次縣故城南漢桓帝中平二年封荆州刺史王敏爲侯國又東南流注于巨馬河 水經注

晉劉琨留飲于此 名勝志
舊東安州在縣西北四十里安次舊縣之西渾河水次居民輳集名舊州頭 同上
元東安州廟學記國子監祭酒孔克堅撰文至正二十四年六月立石又州北邵家莊鄉學記翰林檢討李繼本撰文 東安縣志
常道城在舊州頭西五里三國魏燕王宇之子璜封常道鄉公甘露五年司馬昭迎立之北魏主宏封宇文英爲常道鄉公皆此城也 方輿紀要
安次縣有故萇道城 魏書志
白祀溝水出廣陽縣之婁城東東南流左合婁城水水出平地導泉東南流右注白祀水亂流東南逕常道城

晉屬燕國後魏仍屬燕郡隋屬涿郡方輿紀要
唐武德四年徙置東南五十里石梁城貞觀八年又徙
今縣西五里常道城開元二十三年又徙耿就橋行市
南遼史
遼金遞因之元初屬大興府後屬霸州中統四年升東
安州屬大都路洪武二年降為縣屬順天府清類天文分野之書
至正十八年三月東安漷州柳林日有警報京師備禦
四隅俱立大都分府元史百官志
易水出涿郡故安縣閻鄉西山東過范陽縣南又東過
容城縣南又東過安次縣南水經
□水又東逕安次縣故城南漢桓帝中平二年封
荊州刺史王敬為侯國又東南流注于巨馬河水經注

縣治舊在常道城東耿就橋行市南渾河衝決洪武
三年十一月主簿華德芳移治于常伯鄉張李店即今
治也天順間始創土城弘治中始甃城東門正德六年
流賊猖獗知縣事周義急築垣浚濠補建西南北三城
門嘉靖十六年知縣劉繼先名其門北曰迎恩東曰
海南曰靖通津西曰宗山二十八年知縣成印增修之
年甃以磚建角樓四天啟五年知縣鄭之城復修給
事中尤應時為作記東安縣志
縣門樓鼓樓令大嵌匠工年鑄同上
儒學在縣治西學之南有泮池池南有高壘同上
賓興寺舊建于縣西文廟外數千兵英宗朝邑人監生
中倉已定改創于縣西文廟內同上

西故鄉亭也西去長鄉城四十里魏少帝璜甘露三年所封水經注

枯溝自安次西北東逕常道城東安次縣故城西晉司空劉琨所守以拒石勒也同上

大石橋之流爲東川西浮橋之流爲西川入里迤西之流爲南川晉劉琨守此以拒石勒東安縣志

常道鄉定覺寺唐垂拱三年建五代燬于兵遼天慶間承直郎張銑復爲建立至金天會四年成正隆間韓承彥重修大定元年奉直大夫楊俊卿復新之又有古營寺金明昌五年建圓城寺明昌六年建俱有碑存同上

大悲禪院在安次縣西閻家垈金天會六年僧行進募民韓福林修有碑存同上

畱犢村在縣西北六十里魏鉅鹿時苗爲壽春令及歸畱犢而行回經于此因以名里名勝志

寧國寺在畱犢里金大定三年村民曹瑛建有碑存東安縣志

石梁城在舊州頭東南五十里或云南北朝時所置戍守城也其地又有崧州城相傳遼古喇王所置方輿紀要

盧王屯在常道鄉東南二十五里漢盧綰屯兵在此與劉賈夾攻取燕今名盧村東安縣志

長慶宮舊在廣平淀金天會三年移安次南五十里東接捺鉢南通畨漢有大石橋以受諸國之禮今次平屯乃其舊址也同上

廣福寺元建在東安縣治西北四十里 明一統志

廣福寺在故縣西北五十里金天會中建大定三年僧會頤請賜額 東安縣志

廣善寺在徐村里固城莊唐之靈應寺也洪熙元年太監何至洲重修景泰三年立碑 同上

淨安寺在固城里惠化鄉宣德八年太監張盛建正統四年賜額碑存 同上

遼中丞韓澤墓在縣西北五十里更生村 同上

葛城在縣治南三十五里宋建屯守于此 同上

狼城在縣治南四十五里亦宋時所建 同上

盧溝河在縣西自固安縣流入境元皇慶初渾河水溢決東安境內黃堝隄一十七所是也又東南合霸州之

巨馬河 方輿紀要

盧溝水至東安過耿就橋一分東至界河入土樓東南一分西至界河入左奕西南今自盧溝橋下流從固安縣經永清縣北東注自孫家垈一分派永清之南一分派東安之西至隆慶末年分派于東安者又分爲二一由韓村至管家屯迤東似有奔縣之勢然離縣二十里即停不行止在本屯前後左右爲害一從韓村東南下歷衡亭左奕朱村馬子莊至桃河頭萬曆二年積雨水溢人畜漂没知縣洪一謨力請築隄隄成賴以無患萬曆六年馬子莊堤口決渰駱駝灣知縣韓景閔塞之九年舊口復決知縣張汝蘊修之自是屢修屢決至二十三年七月河徙于霸州泥河舊址盡成沃壤矣 東安縣

易水在縣南舊過安次縣界爲固安河今與拒馬河同爲一川矣同上

八丈溝水出安次縣東北平地泉東南逕安次城東水經注

鳳河水一渠從西北流至鳳窩村雖隆冬沍寒水亦不氷名勝志

靈巖寺在鳳河南金大定五年僧洪寶建東安縣志

蓮花泊在縣治南三十里甄家莊南東流經葛城入武清同上

白溝河在縣治西八十里其源自栲栳圈流入縣境東南抵武清崔沽港東安縣志

東沽港在縣南五十八里水自縣西渾河分流而東入武清縣三角淀方輿紀要

垂楊渡在東沽港之北下通靜海縣夾岸垂楊凡數里名勝志

張繼恕詩椰色凝青曙鶯聲散曉霞微茫連水國迢遞見村家綠滿平田草紅開斷岸花流亡宜早復此地足魚蝦同上

尼姑口昔人講水戰之具于此同上

咸平二年詔聽邊民越拒馬河塞北市何承矩上言曰緣邊戰櫂司自淘河至尼姑口屈曲九百餘里此天險也太宗置砦二十六鋪百二十五廷臣十一人戍卒三千餘部舟百艘往來巡警以屏奸詐緩急之備大爲要

害令聽公私貿市則人馬交度深非便宜且砦鋪皆爲虛設矣疏奏卽停前詔 宋史本傳

自邊吳淀至泥姑海口緜亘七州軍屈曲九百里深不可以舟行淺不可以徒涉雖有勁兵不能度也 宋史河渠志

咸平五年三月西京左藏庫使舒知白請于泥姑海口復置海作務造舟令民入海捕魚因偵平州機事巽曰王師征討亦可由此進兵以分敵勢先是置船務以近海之民與遼人往還遼人汎舟直入千乘縣疑有鄉導之者故廢務至是令轉運使條上利害旣而以爲非便罷之 同上

香河縣在府東南一百二十里 明一統志

在漕河之東八里 漕河圖志

香河本武清縣之孫村遼於新倉置榷鹽院居民聚集因分武清潞縣置 遼史

遼屬析津府金初屬大興府承安三年屬盈州元初屬大興府至元十三年置漷州遂割以來屬洪武元年屬漷州今隸北平府 淸類天文分野之書

縣舊爲土城正德二年始易以甎嘉靖四十二年知縣事范經增高之城門四東曰淑陽南曰永明西曰迎恩北曰拱極 香河縣志

縣治在城之西儒學在縣治之東洪武四年知縣韓琚所建也 同上

宋褧香河偶成朔風初定曉霜晴獨坐寒廳日轉檻

怪得無人來訴訟羽林獵騎盡還營 燕石集

至元十一年十一月以香河荒地千頃置中衛屯 元史

營州前屯衛在香河縣治東本在舊大寧衛境永樂元年移于此 方輿紀要

駱駝港在縣北八里源自三河縣之兎兒山流經縣界入白河 名勝志

扳罾口河源自通州之孤山麓流經縣西入于白河 同上

香河縣境南有大龍灣小龍灣二水夏秋始合流經寶坻縣界入七里海相傳遼時海運故道 長安客話

百家灣在縣北其水無源四時不竭相傳有居人百家淪没于此風雨昏晦尚聞雞犬之聲 同上

隆安寺在縣治東明成化中重修有禮部郎中直文淵閣關西倪讓碑中書舍人直文淵閣廣昌王禮書 香河縣志

元大都路香河縣坊市西道院仁公塔記師諱定仁淑陽人俗姓陳氏幼出家禮隆安為師得法于幽居道人至元七年八月示寂大德三年八月比丘僧定書丹 同上

鐵佛堂在縣東南十六里 同上

香河鐵佛寺舊有鐵佛像高丈餘元至正中佛見夢於僧曰吾緣法不當住此將辭汝去僧以鐵鏁鏁佛臂一夕竟移去東光寺獨所鏁臂存至今為寺供養 燕山叢錄

香城塔在縣南二十里香河縣志

嘉靖十四年十一月香河縣郭家莊自開新河一道長一百七十丈闊五十一丈有奇較舊河近十餘里有司以聞命祭告河神世宗實錄

日下舊聞卷二十五終

日下舊聞卷二十五補遺

京畿一

漢武帝時廣陽縣雨麥 述異記

房山之陰有石立于巖麓其長三丈其廣七尺首昂而俯足跂而飲濯之則色靑而潤叩之則聲淸而越米先生仲詔思致之海淀勺園中車重輪馬十駟旣鑿百夫曳之登車七日始出山又五日僅達良鄉道上工力竭因卧之田間繚垣衛之覆以葭屋于是先生作大石出山記薛岡千仞戲代石報書先生復荅石見報書一時傳爲佳話吳中葛一龍震甫次良鄉見石爲作長歌紀其事焉 艮齋筆記

葛一龍次良鄉觀米仲詔憲長所移奇石歌塔窪村

北野草荒草間突兀孤雲蒼欲行不行氣若鬱將雨未雨天無光云是米家鑿山出百步千人移數日到此蹰躇不肯前秦鞭無技楚力詘大木縱橫倒一林相爲枕藉歲年深或需天手妙神用或眷山祇萌故心我與之言叱之起幾時得渡渾河水嶮岈空洞宿陰霆鯨脊鰲簪立奇鬼主人好禮尊石公神物亦豈甘牢籠不如就此樹高閣居處日對飛來峯 筑語

京師之南固安永淸霸州文安等處京衛屯軍雜居人性驕悍好騎射往往邀路刼財輙奔散不可獲人號爲放響馬賊近來內官用事谷大用馬永成張忠等皆霸州文安諸處人大盜劉七等嘗因內官家人混入禁內豹房觀上游幸之所及爲甯杲所逼遂聚衆拒捕後劉

瑾誅杲亦得罪繫獄因而作亂、繼世紀聞

馬錄永清遇雨作白日永清雨移時不肯休風雷當檻落河漢近城流牛馬誰堪辨蛟龍恐亦愁西歸途路失何處問孤舟石思集

宣和四年更香河縣名清化宋史地理志

普安禪師至溫於固安作興化寺道園學古錄

邵雍詠樂毅詩樂毅事燕時其心有深旨破齊七十城迎刄不遺矢豈留即墨莒却與燕有二欲使燕遂王天下自齊始豈意志未伸貽王一旦死惠王固不知使人代其位强燕自此衰何能復振起自古君與臣濟會非容易重惜千萬年英雄爲流涕擊壤集

琉璃河石橋之右有鐵竿倚焉自扶闌至水底約長五

丈土人目爲王彥章鐵篙此不經之談也然是物不知所從來按大都宮殿考廣寒露臺石闌道旁有鐵竿數丈上置金葫蘆三引鐵練以繫之今驗竿首有孔疑即其遺製蓋物在禁中莫有銷之者或因河水汎濫移此以鎭水怪未可定爾說聽

宣和七年十二月斡离不陷清化縣壞鹽場時宣撫司蔡靖與運使呂頤浩李與權修葺城隍固結人心以爲守禦之備使銀牌使奏朝廷大臣謂郊祀在邇匿其奏不以聞北盟會編

固安縣大水崩岸斷橋邊出一碑題曰橋崩天子過碑出狀元來其年武宗南幸過其邑次年辛巳邑人楊維聰狀元及第玉堂叢語

良鄉縣儒學在縣治東南萬曆十八年知縣事余鏜剏社學六所曰美化曰厚俗曰燕谷曰舊店曰交道曰官莊 順天府舊志

建隆元年三月契丹入寇棣州刺史河南何繼筠追破其衆于固安獲馬四百匹 續通鑑長編

咸平二年有詔聽民越拒馬河市馬知雄州何承矩言緣邊戰櫂司自陶河至泥姑海口屈曲九百里許天設險固眞地利也太宗置寨二十八鋪百二十五命廷臣十一人戍卒三千餘部舟百艘往來廵警以屏姦詐緩急之備大爲要害今聽公私貿市則人馬交疲深非便宜若然則寨鋪爲虛設矣上納其言卽停前詔 同上

王惲請起蓋良鄉縣南留李河橋梁事狀切見中都

迤南係四方官員客旅朝會經行驛程正路近體知良鄉縣南十三里有舊來經由留李河官道南至涿州六十里兵革以來橋廢不行目今靠西由繼陽套遶轉至涿州七十五里若經夏秋河水泛漲泥濘虛陷致使鋪馬客旅來往生受兼繼陽套地形卑下村坊遠窵接連溝澮屢常失盜深爲未便竊詳若依舊起蓋留李河橋道不惟道路高平徑直使鋪馬客旅往返近三十餘里又免水潦泥濘之患官民實爲兩便伏乞御史臺備呈中書省行下相視改正施行 烏臺筆補

王惲固安道中作十月燕南道提封入按廵淸霜嚴比雪丗桐老於人尚遠經綸妙須勞撫字頻前林烏

龍盛喧集戀餘春秋澗集

潮州距今新都東南百里而近本漢泉州地遼爲鎭而以金縣焉至元十有三年陞縣爲州從吏民之請也同上

王惲大都路潮州隆禧觀銘道家者流元默稱抱持其雌無所矜屋居火食相奉承鳶飛戾天魚在泓疇不若爾休其生爰因象設心自兢仍用善俗滋良萌潮州維南泉故城玉晨有菴無所營敝廬數間僅幪栟一旦締結三十楹烟光粼粼萬瓦青丕自肯構今有成要擴師授昭子誠爲國迎祥禱上清鑾輿歲幸實省耕延芳春水紛霓旌游豫何啻歌三登千秋萬歲樂事并道人再拜乞此銘隆禧因之播永馨雲間歎賞聞佩聲安知不有成公興同上

周縉字伯紳武昌人洪武中以貢入太學授永清典史靖難兵起一時守令相率迎降永清地尤近縉攝令事極力拒守顧其民寡弱爭先逃散縉度不可爲懷印南奔吏部上言靖難時北平屬州縣官朱寧等二百九十人俱棄職遠避宜寘法典俱逮戍縉其一也忠節錄

詩云其追其貊燕師之北國也韓在燕北貊爲韓之北國韓既歸于燕韓從而東徙漢初謂之三韓燕史

昆田謹按郭氏之說與潛夫論相發明

陳孚良鄉縣詩過盡長亭又短亭燕京初聽曉鐘聲呼童拂拭青藜杖早挂琴書上帝京觀光集

又良鄉早行詩西風黃葉館曉起候鐘聲騷吏張燈

日下舊聞卷二十六

京畿二 通州

通州在府東四十五里 明一統志

在漕河之西三里 漕河圖志

州秦屬漁陽郡漢爲潞縣地仍屬漁陽郡 清類天文分野之書

高梁水東至潞縣注于鮑丘之水又南逕潞縣故城西王莽之通潞亭也漢光武遣吳漢耿弇等破銅馬五幡于潞東謂是縣也 水經注

公孫瓚斬劉虞虞從事漁陽鮮于輔齊周騎都尉鮮于銀等率州兵欲報瓚以燕國閻柔素有恩信共推柔爲烏丸司馬柔招誘烏丸鮮卑得數萬人與瓚所置漁陽太守鄒丹戰于潞北大破之斬丹 三國志

晉屬燕國後魏仍屬漁陽郡北齊時分置潞郡 方輿紀要

隋開皇初罷入涿郡唐武德二年自無終徙漁陽於此置元州 清類天文分野之書

元州領潞臨泃漁陽無終四縣貞觀元年廢州省臨泃無終二縣以潞漁陽歸幽州 太平寰宇記

契丹既彊寇抄諸州皆徧幽州東十里之外人不敢樵牧趙德鈞爲節度使於州東五十里城潞縣而戍之近州之民始得稼穡 通鑑

金天德三年改黎陽之通州爲濬州以此縣陞爲通州元因之領二縣屬大都路今潞縣并入州領縣四三河

武清寶坻漷縣 清類天文分野之書

通州取漕運通濟之義 郡縣釋名

元既隳城郭兵火之後祇編籬塞而已洪武元年閏月燕山忠敏侯孫興祖從大將軍徐達督軍士修城始甃以磚石周圍九里十三步高四丈六尺在潞河之西因以潞水爲濠 名勝志

城門四東曰通運西曰朝天南曰迎薰北曰凝翠各有樓 通州志

宣德八年閏八月命都指揮劉斌董修通州城樓 實錄

通州距京城東四十餘里城中積糧數百萬石已巳之變也先南犯諜報欲據通州朝議先焚倉廩會周文襄忱至京師都御史陳僖敏鎰問計于周周曰若如此寇未至而棄軍實非計也盍若檄示在京官軍旗校預給一歲之糧各令自支則糧歸京師又免輦運之費不數日寇至通州無所獲而去 長水日抄

新城景泰間築周七里有奇中有西南二倉蓋國家歲入東南漕運四百萬石折十之三貯于通倉故爲城以屏蔽之 名勝志

成化十二年十一月鎮守通州都督同知陳逵監察御史徐鏞奏通州密邇京師南北糧運積貯于此城池不可不謹正統十四年也先侵境以倉廒在西城外乃築新城障之倉卒經營未如制度舊城高三丈五尺梁口五尺臺廣三丈五尺而新城不及其半請拆舊城西面而展新城北角與相連接增其丈尺使上下齊一仍建

甕城敵臺於城北開一門以通河道上命達會巡撫汪霖覆勘以聞實錄

新城連接舊城正德六年巡撫都御史李貢增崇之加五尺萬曆十九年復修南門題曰望帆雲表西門題曰尺五瞻天通州志

李東陽重修通州新城記通州在國初爲北平布政司之屬郡舊有城自文皇帝定都以來肇立京府並置州衛東南漕運歲入四百萬折十之三貯於州城旣久且富乃于城兩門外闢地爲西南二倉景泰間以外警復築城七里有竒環而翼之爲新城時倉卒規制未備高止丈餘視舊城不及其半比年磚石剥落外內出入可登而越也正德辛未流氛爲患副都御史李貢巡撫其地深以爲憂引水而環之三周已乃詢諸有司圖所以禦災捍患者上疏言天下之治與其有事而圖孰若先事而慮今畨上京軍數千名方留城守宜以其隙計工修築工郎分司有廢磚數十萬宜借以供用上命戶部左侍郎邵君寶兵部左侍郎李君浩工部右侍郎夏君昂率僚屬往相其宜悉如所議君又留罪人所贖金爲凡百費用新城舊基增築五尺其外爲甎內實以土上復爲堞墻六尺有咫而長廣皆如其數又爲敵臺其西南爲甕城重門懸橋皆舊所未有其爲役皆分畨迭作人樂趨事不數月而成焉于是知州楊濬州學正洪畢等謂玆役之重不可以無述介吾妻之從子岳序班梁以請

于余余惟天下大計不外于兵民兵共民所賴以生者必資乎食茲役也皆有賴焉若所謂先事而備則李君固言之即唐李絳所以告其君者也顧狃于安逸者恒以為不足憂而張皇者又有所不及謀比盜賊芟刈畧盡遠近諸司猶晏安不復致慮而李君方矻矻不暇議者或以多事為疑亦獨何哉予感其事因叙其始末為方來者勸俾以羨財餘力益增而高焉其為補豈小哉是役也廵按御史陳君祥廵倉御史詹君源實協其謀董其事者則分守都指揮黃璽等十餘人系之詩曰文皇建都治必南嚮州名曰通作我東障高城巍巍有兵有民漕河北來餉粟雲屯備盈庾增新城是築有功弗終高及其腹月傾歲頹寢不及前窺覘之患孰防未然矻矻臺臣出治斯土遭時多虞實備羣侮陳謨在廷惟皇聖明乃集羣議乃覩地形營兵如林時屬戍守且練且修工弗外取倉有餘粟鍰有贖囚斯納斯出財弗外求因城為高幾倍其半其周七里環彼三面望之巖巖即之巉巉河流在陽其水潭潭前有連城後有埤壕越百餘年既崇且廣古亦有言安不忘危惟臺有臣為藩為維金湯高深同彼帶礪守在四方傳于萬世懷麓堂集

唐文獻重修通州新城記通州古漁陽地相傳勝國前無城捍以籬寨其有城自洪武初忠敏侯孫興祖始其奏建二城以護西南二倉自正德間總督糧儲李德始其增修新城自嘉靖六年中丞李貢始今重

修新城以聯舊城使之唇齒相附則萬曆十九年濟南晴江王公始公博大精敏負文武異才簡書之餘出就行部相度要害謂通州乃肘腋上流咽喉重鎮無若修新城爲急于是上其議旣疏聞制曰可公乃檄將吏捐朽剗蠧役夫悉取諸營軍不以煩父老經費悉出諸帑金贖鍰及屯粟之餘不以括民廩商槖城高一丈厚尺有咫長一千三百四十丈有奇首城樓次角樓次窩鋪繚以周垣濬以溝塹工中程材中度延袤中地勢塼埴中準繩楛更而良老更而壯蓋自癸巳以迄乙未再浹歲而竣天子爲賞賚勤勞諸臣大小有差而中外諸君子亦無不樂成于是役者夫通州非郡邑之城天子之城也明王雖以四方爲守三輔爲衛此在居恒清晏則可脫一旦猝有事委之則資寇以飽敵守之則背烽晝柝敗堞殘壘勢不足以相抵小噬臍大暴骨如英廟之己巳肅廟之庚戌其利害不可睹歟今上垂拱二十餘年邊臣狃于恬嬉武備弛廢猶幸公身親畚鍤天險屹然仰拱京闕俯控天津將自今伊始謹蓋藏收保聚貢道以肅屯積以固名雖重修而事若鼎剏昔春秋書築城者二十九獨叔敖城沂君子以爲敏子囊城郢君子以爲忠維忠與敏兼之則通州今日之役是已公名見賓號晴江魯人由甲戌進士至今官 占星堂集

崇禎四年督部范公景文閱視通州舊城東北新城西南皆受敵衝遂各建臺一座形如扇自左至右長十二

丈高三丈七尺虛其中以架礙通州志

州治在城北門迤西洪武三年建儒學舊在州治西元大德二年知州事趙居禮建明永樂十四年重修正統十二年再葺有弋陽李奎碑記嘉靖四十二年知州事張守中撤而新之改建文廟于明倫堂之基學西舊有通惠書院去之改建明倫堂于其址州人程綬記其事于石同上

吳澂通州文廟重修碑皇元有天下文教自京師達郡縣雖遐陬僻壤莫不建學設官以闡教事通州近在畿甸素闕廩給學官每至輒去不惟教事廢弛而孔廟亦且不葺將就傾圮永平楊齊賢繇豐潤縣教諭來爲通州學正思振厥職擇民間子弟可教者得三十家籍之入學謂之誦書白之官府而復其身州之叅李侯與州之長協心主張于上於是人願出力以修廟學至治二年七月役典八月績成孔廟正殿東西兩廡爰及外門上瓦下甓朽墁一新講堂敝壞蓋覆而塗墍之前後牕牖中外甃砌悉備其所未備其南則敞門塾一間其北則續檐宇三間學者遂有藏息之所廟之南豎穹碑刻加封詔書示永久積年之頹靡一旦而完整雖曰學官之勤微州官扶持之功胡能致是哉古之牧民者常以教民孝悌忠信爲急務通州之官能用意於廟學不敢後庶幾不愧古良牧之政矣州長名速朗吉大其官承直李侯名也先其官承事在州多惠政通民便之初榆河之西有

開田欽依至元三十一年詔旨撥隸州學後運官奪取造廬舍而私其儻利齊賢愬于官戶部禮部暨監察御史直其説以畀州學如初今齊賢又以餘暇率所轄三河縣之民修其縣之廟學棨可書也 吳文正公集

城西北隅有佑勝教寺内建浮圖十三層高二百八十尺下作蓮花臺座高百二十尺周圍百四尺虛其中以祀佛攷斷碑刻于唐貞觀七年塔頂有鐵矢一相傳金將楊彦升所射迄今猶存每天氣清朗塔影遠垂映白河中作搖動勢 名勝志

然燈佛塔建自後周宇文氏貞觀中尉遲敬德修元至德間蔫烈圖迷再修 帝京景物畧

開平王常遇春祠在舊城南門内東隅明太祖時勑建以燕山侯孫興祖配每年春秋上丁有司致祭 通州志

通州南門内有鄭國公祠碑稱公下通州嚴戢士卒民不知有兵愛公如父母公薨丧過通罷市迎哭共醵財立廟稗史言常將軍剽鋭嗜殺所至縱士卒殺掠故兵鋒爲一時冠獨於北方能爾葢知天下將平行事當與草昧時異也 燕山叢錄

王直重修開平忠武王廟碑正統十二年秋八月通州守臣李經言州城東南隅舊有廟以祀開平忠武王常遇春葢洪武三年奉勑建每歲春秋守臣以少牢行禮庭下載在祀典今八十年矣修治不繼日入于敝愳無以稱朝廷崇德報功之意請繕完如法制

曰可命工部聚材鳩工撤而新之通州諸衛及州所屬縣各以丁夫給役且命總理通州諸務都指揮僉事陳信督之命既下文武吏士奉承惟謹財不徵而集工不召而至知者效謀壯者效力作正殿翼以兩廂前啓三間旁列厨庫凡諸象設靡不畢備弘麗廣深有加于昔經始于九月巳酉而以明年四月成惟王以忠信智勇佐太祖渡江削平東南郡縣遂議北征車駕至汴申命大將軍徐達而王爲之副天聲所臨無思不服王先至通州禁侵暴務安輯人不知兵市不易肆皆愛戴如父母遂收燕都明年平河東入秦元之敗卒復侵通州王還兵拒之州人免于荼毒其德王尤深既率師破開平大俘獲而還至栁河川以疾薨柩歸過通州州人皆罷市迎哭既去而念之不衰飲食必祭上思王之功而知民之感慕如此此廟之所以作也王生爲上公沒有顯號而廟祀永久其在京師尤盛此特其別祠耳 王文端公集

靖嘉寺在州治東原名慈恩寺元至正二年建天順二年賜今額弘治十年災正德十年重修建俗呼爲大寺 通州志

文彭宿通州靖嘉寺詩古寺荒烟合巍然三殿存廻廊餘磴石曲徑滿苔痕歲久衆恩晴庭閒鳥雀喧獨憐車馬客一宿戀空門 文博士集

通州衛在州治南建文四年成祖置衛于此又有左右二衛俱永樂中建 方輿紀要

神武中衛亦在州治南建文二年燕王所置又有定邊衛在州治西南則建文四年所置也 同上

靖安寺在州治東南金大定十三年建 通州志

悟仙觀創于元至正初明宣德三年因舊址拓之建通明殿 同上

南臺坡在舊城南關有元潞陽郡公李廷墓天啓初水潦岸崩墓石盡露乃藝文監丞揭傒斯所撰土人錄其文仍取土揜之 同上

揭傒斯潞陽郡公墓誌畧天曆元年春二月八日淮東宣慰使李公薨贈通奉大夫江西等處行中書省叅知政事護軍追封潞陽郡公謚忠靖元統二年冬十有一月念二日其配潞陽夫人柴氏薨十有二月

六日合葬通州潞縣之南臺坡先塋嗣子世安請銘公諱廷字瑞卿其先漳南人今家京師起家京尹曹由將仕郎十遷爲中奉大夫 秋宜集

通州倉戶部歲委員外郎一人主事四人或七人或九人監出納之政其所居公舘中有團亭有事議焉有客讌焉皆於斯在 容春堂藁

元通州十三倉曰有年曰富有曰廣儲曰盈止曰及秭曰迺積曰樂歲曰慶豐曰延豐曰足食曰富儲曰富衍曰及衍 禁扁

延祐六年七月通州漷州增置三倉 元史

永樂七年七月修通州衛倉十三年二月設北京通州左右衛神武中衛定邊武清五衛倉十六年八月置通

州衛通濟倉（成祖實錄）

景泰六年二月增置通州倉（實錄）

西倉在舊城西門外新城中俗呼大倉永樂七年建中倉在舊城南門內永樂中建南倉在新城南門內天順中添設東倉在舊城南門內亦永樂中建隆慶三年歸并中倉（通州志）

宣德五年添設戶部尚書一員專督倉場後或用侍郎無定銜俱不治部事嘉靖中令兼理西苑農事隆慶初罷兼理萬曆九年裁革命本部侍郎分理之十一年復設（國朝典彙）

宣德間設總督倉場太監一員正德間添置二三員嘉靖間裁革正統間設監督倉糧太監一員至正德間添

至十七八員嘉靖初止留二員至十四年盡裁革（通州志）

戶部尚書梁材奏本朝酌古定制監局等官供事于內府部等官分治于外具載祖訓體統截然若京通等倉戶部職掌督收則有侍郎郎官巡視則有御史綱舉目張萬世無弊宣德正統以來始用內臣亦止一二而已正德間陸續增置一羊九牧需索多門虐害輓卒漕政大壞宜一體裁革以復聖祖設官分職之典從之（儉庵疏議）

新城西南隅爲工部廠廠以其屬主事一人領之所冶不一其事而惟修倉掌收輓料爲專職正德戊寅海陵華源楚來領廠事外闢重門內廣廳事總爲舍百二十

楹乃立石廳事題名其上而通政司使楊杲爲之作記通州志

潞河驛隆慶中被火萬曆五年秋因舊址興工驛西爲總會舖東爲來賓館後爲撫夷館其扁額曰四方來同曰德號曰綸音曰不皇曰來賓曰歸心曰向化 快雪堂集

潞河一名沽河一名鮑丘水北自檀州密雲縣界流人魏氏土地記潞縣城西三十里有潞河源出北山南流謂此水也 太平寰宇記

潞水自塞外丹花嶺合九泉水一南經安樂故城與螺水合爲東潞河一南經狐奴故城與鮑丘水合爲西潞河 長安客話

潞河東半里許有潞沙曹操征烏丸袁尚等鑿渠自滹沱由泒水入潞沙即此地也 許奉使行程錄

幽之潞縣有潞水即露河也 路史

潞河鐵後猊元季物 燕都遊覽志

遼聖宗統和五年幸潞縣西放鶻擒鵞十二年十一月漁于潞縣西濼十四年六月漁于潞河 遼史

馬祖常通州詩潞水年年沙際流都人車馬到沙頭獨憎楊柳無情思送盡行人天未秋 石田集

貢奎通州道中作萬雉參差雲霧開四千里外客重來平岡日出車牛鬧古道塵飛驛騎回白玉至今傳琢璞黃金自古說燕臺高樓紅旆應如昨莫遣新愁付酒杯 雲林集

傳若金潞縣舟中寄楊上舍詩買得吳船繫柳根潞河新雨過黃昏都門只隔烟中樹一夜尋君苦夢魂春風亭舘看花時自變新聲教柳枝只恨秀娘空第一不會歌得斷腸時 傳與礪詩集

貢師泰發通州作日日思歸未有期及歸翻恨數年遲開船聽得吳歌起絶似閶門送別時 玩齋集

張翥早發潞陽驛詩征車如水轡如絲壁入金河欲曙時薊北山川環拱把九天宮闕起參差風林泥泥秋多露野淀稜稜曉有澌三十餘年觀國願白頭今日到京師 蛻菴集

陸顒潞河詩久住頻看雪天寒未見花經年常在客聽雁忽思家春重眠多夢年侵鬢有華何由遣懷抱

惟仗醉流霞 頤光先生集

謝遷曉發潞河作千里鄉心逐雁飛晨光初動向熹微送迎深媿勞賓從今昨何煩問是非自在沙鷗眠岸廻凋零霜葉挂林稀十年京洛歸來晚猶喜緇塵未染衣 木翁歸田稿

林春澤出都次潞河作朝發都城闉夕宿潞河舟雁落沙渚淨霜降菰蒲秋天寒節物換河漢曉夜流回望郭隗臺黃金不可求廢興已陳迹懷古心悠悠 人瑞翁集

陳師潞河舟中作夾岸垂楊青可憐出門仍是葛衣天鄉書不到東吳雁客夢重尋潞水船季子貂裘無那敝王喬鳧舄幾時旋年來作客渾南北囊底曾無

貰酒錢 復生子稿

簡霄潞河舟中作潞水經年別風塵又覺非岸蘆迎棹舞檣燕掠人飛澤國魚梁竭江城候吏稀人煙沙草外一縷起斜暉 蓉泉集

潘恩潞河晚泊詩水宿鼉龍窟波翻蘆荻風漁燈然夜月客思渺秋空人似長卿病途非阮籍窮平生霄漢志進止任飄蓬 潘恭定公集

陳暹發潞河作扁舟發潞河駕言返舊服津路多遭迴舟行往如復回首黃金臺宛然猶在目仲春天氣和新鶯上喬木菁葱布丘甸牛羊散平陸緬懷滄洲間栖遲動信宿 拚雖集

范言詩烟沙潞河晚客思奈愁何殿閣天非遠江湖

夢已多月憐清夜柝風想早朝珂短燭傾燕酒孤蓬聽楚歌 菁陽集

黃鳳翔告歸發潞河作方朔本吏隱相如常病渴明時許乞身初衣辭魏闕華車逐扁舟長河接滇渤舳艫爭唱呼鷗鷺閒出沒帆影日外落津頭棹歌歇舉酒酬暮雲卷簾對夜月悠然萬里心頓與江天豁 黃宗伯集

沈啓原潞河留別錢給事詩扁舟南下更依依兩地含愁共落暉欲別他鄉手頻執每思故里夢先歸黃金臺上龍媒老白鷺洲前雁影稀縱說江城春色早可同帝里遍芳菲 存石居士集

州東二十里白河源出宣府衛龍門所東滴水崖東流

佛靈溝一子母三小河水入榆河泉脈微不能勝舟擬自吳家莊就龍王廟前閘白河於西南開小渠引水自壩河上灣入榆河庶可漕運又深溝樂歲五倉積貯新舊糧七十餘萬石站車輓運艱緩由是訪視通州城北惠通河積水至深溝村西水渠去樂歲廣儲等倉甚近擬自積水處由舊渠北開四百步至樂歲倉西北以小料船運載甚便都省准焉通惠河自通州城北至樂歲西北水陸共長五百步計役八萬六百五十工大德二年五月中書省劄付都水監運糧河堤自楊村至河西務三十五處用葦一萬九千一百四十束軍夫二千六百四十九名度三十日畢於是本監分官率濠寨至楊村歷視壞隄督巡河夫修理以霖雨水溢故工役陪元

料自寺洵口北至蔡村清口孫家務辛莊河西務隄就用元料葦草修補卑薄瓜築月隄頗有成功其楊村兩岸相對出水河口四處葦草不敷就令軍夫採刈至九月住役楊村河上接通惠諸河下通滹沱入江淮使官民舟楫直達都邑利國便民奈楊村隄岸隨修隨圮蓋爲用力不固徒煩工役其未修者候來春水涸土乾調軍夫修治延祐六年十月省臣言漕運糧儲及南來諸物商賈舟楫皆由直沽達通惠河今岸崩泥淺不早疏浚有礙舟行必致物價翔湧都水監職專水利宜分官一員以時巡視遇有頽圮淺澁隨宜修築如功力不敷有司差夫助役怠事者究治從之至治元年正月十一日漕司言夏運海糧一百八十九萬餘石轉漕往返全

籍河道通便今小直沽汊河口潮汐往來淤泥壅積七十餘處漕運不能通行宜移文都水監疏滌工部議時農作方興兼民多艱食若不差軍助役民力有所不逮樞密院言軍人不敷省議若差民丁方今東作之時恐妨歲事其令大都募民夫三千日給傭鈔一兩糙粳米一升委正官提調驗日支給令都水監暨漕司官同督其事四月十一日入役五月十日工畢泰定元年二月福府臣奏臨清萬戶府言至治元年霖雨決壞運糧河岸宜差軍修築臣等議誠利益事令本府差軍三百執役從之三年三月都水監言河西務菜市灣水勢衝嚙與倉相近將來爲患宜於劉二總管營相對河東岸截河築隄改水道與舊河合可杜後患四年正月省臣奏

准樞府差軍五千大都路募夫五千人日支糙米五升中統鈔一兩本監工部委官與前衛董指揮同監役是年三月十八日興工六月十一日工畢致和元年六月六日臨清御河萬戶府言泰定四年八月二日河溢壞營北門隄約五十步漂舊椿木百餘崩圮猶未已工部議河岸崩摧理宜修治既都水監會計工物各處支給其役夫三千人若擬差民方春恐妨農務宜移文樞密院撥軍省准修舊隄岸展濶新河口東岸計工五萬九千九百三十七用軍三千木匠十人天曆二年三月漕司言元開劉二總管營相對河比舊河運糧迂遠乞委官相視復開舊河便四月九日奏准差軍七千委兵部員外郎鄧衛都水監丞阿里漕使太不花等督工修浚

後以冬寒候凍解興役三年工部移文大都於近甸募民夫三千日支糙粳米三升中統鈔一兩兵部改委辛侍郎暨元委官修閘至順元年六月都水監言二十三日夜白河水驟漲丈餘觀音寺新修護倉堤已督有司差夫救護今水落尺餘宜候伏槽興作 元史

洪武二十四年春正月北平布政使司左參政周倬言通州白河北接大山諸河水道東南至直沽海口每霖雨時降水澇泛漲橋梁頹圮修築勞民其通州舊有糧船六十餘艘罷運已久宜改爲浮梁于白河之上以便經行書奏命廷臣議行之 明太祖實錄

永樂十三年十月上獵近郊經白河之上顧侍臣曰朕昔靖難時嘗冬月欲渡此河甫至河而水合遂濟師當時亦豈計有今日神明之相未嘗忘也遂親爲文遣都督譚廣以特牲祭河 成祖實錄

永樂十五年十月修通州城東白河富河橋 同上

宣德三年七月命通州修白河富河橋梁四年九月上謂行在工部尚書吳中等曰天氣向寒白河等處人難徒涉當治橋梁中奏惟白河水深沙濇橋梁難成宜用官船爲梁以濟餘皆用民修治從之 宣宗實錄

正統元年十月造通州白河浮橋以馬快船及預備運糧船爲之三年十二月工部奏通州白河自正統元年水溢決孩兒等口傷民田稼請令把總都指揮同知劉斌及通州發夫築塞之上從其請且曰河決非細事再踰年乃言之何緩也工部言今年二月始得順天府實

報上命下順天府尹姜濤通州掌州事治中楊衡于獄
九年三月修通州富河白河橋 英宗實錄
白河自密雲南至牛欄山與潮河合流至通州入直沽
一名白遂河 明一統志
河兩岸皆白沙不生青草故名 通州志
都城經通州六十里爲大通橋河通州至直沽三百六
十里爲白河 漕船志
秦使天下飛芻輓粟起于黃埵瑯琊負海之郡轉輸北
河北河蓋即白河也隋煬帝穿永濟渠引沁水北通涿
郡蓋自白河入丁字沽由易水而達于涿也唐明皇事
邊功運青萊之粟浮海以給幽平之兵蓋亦由白河也
宋太平興國中於清苑界開徐河雞距河入白河以通

關南漕運元至元中海運出直沽入白河以抵京師按
桑乾河自盧溝橋東南流經固安縣楊先務又經霸州
苑家口合灰河渾源川崞川胡良河琉璃河廣陽河鹽
溝河至武清縣丁字沽凡四百餘里入白河自揚先務至
丁字沽通舟楫又保定府西北曹河徐河石橋河一畝
泉河滋河沙河鴉兒河唐河諸水發源不一至安州西
北十八里合流總名易水過安州至雄縣南又名瓦濟
河東北經保定縣猫兒灣又會中堡河長流河溫義河
拒馬河白溝河至霸州苑家口與桑乾河合自安州至
丁字沽四百餘里通舟楫又鐵釘竿河自博野縣東北
流至河間府數支繞城而北相合東北流五十餘里至
市莊分爲二一自市莊西北十五里流經任丘縣南分

爲二遶城而北相合東北流二十餘里至武盍淀一自市莊東北流經東莊橋至武盍淀二水又合東北至猫兒灣與桑乾河合自河間府至丁字沽五百餘里任丘縣至丁字沽四百餘里俱通舟楫按此則白河西北可通固安縣又可通安州東南可通河間府桑乾易水亦可以漕運無疑矣抑燕趙之間地方千里其間巨細河流悉至武清縣丁字沽注于白河故一遇雨潦白河滿溢武清縣要兒渡口南蔡村等處衝決隄岸壞民田廬起夫築塞勞費萬計逮時乾旱舟行白河又或淺阻以此知水勢盈涸不常不可以經久而論也 漕河圖志

蔣山卿白河寒望詩極目空原野蕭條此水村茫茫河自白慘慘月初昏遠岸迴蒲口寒潮接海門扁舟忽漁唱羗客正傷魂 南泠集

平谷故城漢縣廢城在今潞縣北 太平寰宇記

州北平谷城漢所置縣屬漁陽郡後漢建武初光武遣十二將追破大槍五幡于平谷即此晉省石趙復置北魏太平眞君七年廢入潞縣 方輿紀要

石壩在州城北嘉靖七年建京糧從此盤入通惠河土壩在州城東通糧從此起車運入西倉南倉中倉萬曆二十二年郎中于仕廉相舊壩建新閘開隍濟漕省費甚多 通州志

普濟閘距平津下閘十三里至元中建上下二木牐延祐後易以石廢上牐 水部備考

溥濟上下二牐相距五里元至元二十九年始建木牐

名揚州牐延祐以後修石牐改名溥濟 漕河圖志

正統八年九月修通州普濟牐 英宗實錄

通流上下二牐上牐在州治西門外西至溥濟下牐十里下牐在南門外西北至上牐五里元至元二十九年始建木牐曰通州牐延祐以後修石牐改名通流 漕河圖志

通流閘西至普濟閘十二里至元中始建二木閘名通州延祐後易以石併二閘爲一改今名 水部備考

宣德七年八月修通州通流河 宣宗實錄

臥虎橋在北關月城外舊以板爲之萬曆六年工部郎中李熹易之以石 通州志

寶通寺在新城南門外明天順七年太監張文鋒建賜額 同上

欒元玉寶通寺詩詰朝載酒寶通寺食盒春羹但小裝千里春風傷鬢雪十年塵夢愧松篁綠陰屈指無三月白日題詩共一堂醉後浩歌還起舞不妨人笑老夫狂 古懽集

正統十一年八月建通州八里莊橋命工部右侍郎王永和督工 實錄

八里莊橋即永通橋在普濟閘東正統十一年敕建祭酒李時勉作記 通州志

李時勉永通橋記通州城西八里有河京都諸水會流而東河雖不廣每夏秋之交雨水泛溢常架木爲橋比歲爲梁數易輒壞內官監太監李德以聞于上

欲于其地建石橋乃命司禮監太監王振往經度之總督漕運都督武興發漕卒都指揮僉事陳信領之工部尚書王卺會計經費侍郎王永和提督之又命內官監太監阮安總理之橋東西五十尺爲水道三券券與平底石皆交互通貫錮以鐵分水石護以鐵柱當其衝橋南北二百尺兩旁皆以石爲闌表二坊題曰永通橋蓋上所賜名也又立廟以祀河神經始在正統十一年八月告成于十二月明年三月立石 古廉集

通惠祠嘉靖四十五年建以祀監察御史吳仲有督學御史慈谿顏鯨碑記 通州志

通州城北五里有黃船塢河水縈洄官柳陰映永樂中設黃船千艘以其半輪往江浙織造俗名黃船塢 同上

富河在州城北源出甕山自白羊口經榆河下流爲沙河由順義縣南界流至州城東北與白河會焉 同上

高麗莊在州西十五里盧溝河所經又州西二十里曰大黃莊州西十里曰東流村州東十里曰召里店皆官軍巡哨處也 方輿紀要

州境有煙墩五曰召里店烟郊東留村大黃莊高麗莊又有馬房八俱在州北二三十里內又草場三曰崇教鳴玉花園俱在城西南十里 邊防考

御馬苑在京城外鄭村壩牧養御馬大小二十所相距各四三里皆繚以周垣垣中有廐垣外地甚平曠羣馬畜牧其間生育蕃息 明一統志

景泰三年二月造駝房三十間于鄭村壩 實錄

天順四年閏月駕幸鄭村壩閱仗馬 英宗實錄

通州北二十里地名壩上成祖靖難與南兵戰失利追兵甚逼前阻大溝成祖惶遽無措覗所騎青驄馬曰汝能超此溝以脫吾戹否遂策馬連超三溝力盡遂死後建馬神廟於壩上塑馬廟中與神同祭之歲久成怪常夜出蹂踐禾黍居民苦之潛毀其像遂不復塑 燕山叢錄

京師諸祭皆領于祠官惟壩上馬房別自建祠以元旦冬至聖節遣內侍主祭光祿寺具品物不領于祠官 湧幢小品

太僕寺每年祭馬神在通州北四十里安德鄉鄭村壩

春祭在二月二十二日秋祭在八月二十八日前期題請遣少卿一員行禮 冏政要覽

王鏊重建馬神廟記通州地高寒平遠泉甘草豐彌望千里太宗皇帝詔作馬神廟在州之北地曰壩上鄉曰安德旁爲御馬苑凡二十所弘治九年三月重葺十年二月告成銘曰駪駪國馬於甸之埜散焉如雲騈焉如雨有廟言言在潞之陽始誰作之自我文皇有祟其阤其自今始神始降祥人惟致喜昔在衛文亦有魯僖心維塞淵思亦無期功以才與亦以惰毀琢石鑱辭爰告來禩 王文恪公集

倒馬坡在安德鄉相傳都司平安倒馬處 通州志

靈應寺最勝寺俱有勑建碑在鄭村壩 順天府志

正德二年五月命戸部查給最勝寺前馬房草場地十頃與寺作香火月贍護太監錢喜錢福錢能墳塋劉瑾所乞也 武宗實錄

將臺在通州西二十五里中山武寧王徐達建 寰宇通志

將臺有三其二在州城西相傳武寧王徐達建或曰唐薛仁貴征遼所築用㕑壘土爲之其一在州城北通京師東直門中路舊傳慕容氏拜將臺也 名勝志

余初次過將臺追憶先皇作憶從先帝北征時親奉鑾輿誓六師威駕風雲嚴號令陣分龍虎耀旌麾指揮掌握真無敵駕馭英雄政有爲一自鼎湖仙去後幾回過此重增悲 金文靖公集

金盞兒淀在州北二十五里廣袤三頃水上有花如金盞因名或云即古夏謙澤 方輿紀要

淨業寺在通州南一十五里 燕都遊覽志

陸光祖重修淨業禪寺記畧通州之南十五里有淨業寺唐大曆間淨業院之故址也宣德三年因其址建寺建而復圮嘉靖中大學士西蜀趙大洲先生與寺之律師時寶爲方外交乃捐金搆材重修之寻亦佐其費迄萬曆五年工乃成又八年余遷官留都舟南下經寺前入宿律師丈室因爲作記 陸莊簡公集

張家灣在州南十五里元萬戸張瑄督海運至此而名東南運艘由直沽百十里至河西務又百三十里至張家灣乃運入通州倉葢盧溝河與白河會流處也 方輿

張家灣爲潞河下流南北水陸要會自潞河南至長店四十里水勢環曲官船客舫駢集于此絃唱相聞最稱繁盛長安客話

張家灣今置巡檢司在土橋西鹽倉批驗所在烟墩南名勝志

竹木局建于通州自永樂始其抽分有二八九一之額舊制張灣之滸設有大通關巡檢司通州竹木局又以大使領之桴筏至者各列其材木板枋之多寡長短濶狹厚薄之差等以達之關司長關司長據所差等較勘虛實而上之巡倉御史御史據所陳報而下之竹木局使如例抽之其署額曰抽分竹木廠通州志

行在戶部侍郎王佐言通州至河西務河道淺狹漕船動以千計兼四方商旅舟楫往來無港汊可泊張家灣之西舊有渾河若疏濬近京師一二十里更加充廣潴爲巨浸令可泊船公私俱便上命都督馮斌尚書李友直同往審視宣德七年冬十月斌等以圖進上以其役重大命姑止實錄

正統元年十一月修張家灣通濟倉先是管糧通政使李暹奏欲移置張家灣通濟倉于通州行在戶部工部議如所請令漕運總兵官都督僉事王瑜量遣運糧軍三千人興役至是瑜奏臣所領運糧船二萬有奇今兩處交納河道稍得疏通若幷于一處不免阻塞況通濟倉雖有損敝易爲修葺若欲移之則所費數倍三千人

必不能辦請仍舊修葺爲便從之英宗實錄

御馬監太監于經寵幸嘗導上於通州張家灣置皇店権商賈舟車徵至擔負亦皆有税中外怨之其請祠額者則香山碧雲寺所自置塋域也工作糜費以百萬計上亦嘗幸焉武宗實錄

正德十六年八月戶部左侍郎秦金上言寶源吉慶二店課程弘治以前係順天府批驗茶引所官收受抽季解部後太監于經奏爲皇店科取擾害人皆怨咨乞將二店課額依弘治年例庶民樂業上下俱利上命如所議行世宗實錄

嘉靖二年三月御史向信請修復大通橋至張家灣廣利等八閘以舒民陸運之苦工部議行河道侍郎相度

以聞世宗實錄

廣利閘在張家灣中馬頭西上至通流下閘十一里下至廣利河口三里元至元二十九年始建木閘名河門閘延祐以後修石閘改名廣濟通惠河圖志

大通關在張家灣之長店百貨叢集處也方輿紀要

殷雲霽長店作棹弁下潞河河淺不可行前途漫浩浩日暮悲風征滌流百里間淼茫即東瀛挂帆越萬里快哉平生情夫計今如此變潢從自盛石川集

嘉靖三十一年五月修築張家灣城堡工完世宗實錄

徐階張家灣城記自都門東南行六十里有地曰張家灣凡四方之貢賦與士大夫之造朝者舟至於此

則市馬僦卓陸行以達都下故其地水陸之會而百物之所聚也嘉靖癸亥冬世宗皇帝以有警詔發營兵戍之先聲播聞寇不敢犯然戍者無所據依晝夜被甲立勢實不可以久甲子春順天府尹劉君畿因以城請司空雷公禮上議曰城於戍便於守固世宗報可敕順天府丞郭汝霖通判歐陽昱內官太監桂琦以二月二十二日始事財取諸官之贖及士民之助者木取諸營建之餘甎取諸內官廠之積石取諸道路橋梁之廢且圯者夫取諸通州之衛卒及商若民之傭於貲者工既舉而財不時集階具以聞詔光祿寺出膳羞之餘金三萬兩貸之於是諸臣咸悅以奮而巡按御史董君堯封王君用楨程督加嚴越三

月遂以成告周九百五五丈有奇厚一丈一尺高視厚加一丈內外皆甃以磚東南濱潞河阻水爲險西北環以壕爲門四各冠以樓又爲便門一水關三而城之制悉備中建屋若干楹遇警則以貯運舟之粟且以爲避兵者之所舍設守備一員督軍五百守之而灣之人南北之縉紳中國四夷朝貢之使歲漕之將士下逮商賈販傭胥恃以無恐至於京師亦隱然有犄角之助矣仰惟國家建都燕薊百六十年于茲乃灣之有城實自世宗遣戍之詔始蓋世宗雄才大畧出於天縱而訏謨睿算又得於夙夜計安天下之心非偶然者其功在社稷廟稱爲世雖未易以名言然此固其一也夫覩河洛而思禹情也亦義也今而後

此固其一也夫觀河洛而思禹功也亦義也今而後
非偶然者其功在社稷順稱為世賴未易以名言然
出於天縱而實由真宰算又庚許次天下之心
為之有城實自世宗遣戍之漸而蓋世宗神十大畧
構角之防安仰雁國形連都漸前自六十年于茲乃
土下建西貫取備守惟以兼要至於京師亦陽茲有
禦之八南北之衛中國四夷貢於之使旅衛之衛
以為遊宦者之所宜守中所聞一員以軍五石守之而
之制以衛禦為門中建壁守千設守一則以所運所之果日
壞以攻為門四內宜以樓盤遭為便門一木閘三而城
加一丈內外皆以磚文甃為遊河唯一水為險西北
用磚以成周九百五丈有奇厚一丈一尺高闊厚

舊而巡撫御史董旨竟十封王莊用植程督加賑坡三
萬之餘命三萬而財不時集是諸臣咸悅以
民之衡都之狀皆工比集闕見以圍成洞光
道路木政皆比之衡之大政諸內官之衛?石取諸
西者以其諸之經財之始取諸官之擴之積石取諸
將以二月二十日始事財取諸官之贖及士民之
報可敕順天府丞宣陽是內官太監桂
以城中請空地以守之人便於守固世宗
被中戍土實可為春順戍天府尹劉君鐵因
其戍之所以旁宜不世所務帝皇以行營諸營
物之所聚也嘉靖癸亥世宗皇帝以行營諸營
則市馬從宜陸行以達都下故其地水陸之會而百

登茲城者於世宗能無思乎誠使文武吏士體保固郊圻之意而殫謀以殿封疆兵之守者懷據依之便居處之安而竭力以奮武衛其在賓旅邇周防曲護之恩而各修厥職以供朝廷之事則庶幾爲能思世宗矣階不敏敢因紀成以規焉 世經堂集

王崇慶張家灣曉發作沙鳥知山雨舟人狎海潮五雲堆魏闕回首路迢迢 端谿先生集

許天錫曉發張灣詩黃鸝啼歇曉陰開兩岸垂楊蔭綠苔葉底輕花看不見暖風吹入短蓬來 許黃門稿

樊阜張灣舟中作朝發燕山陽夜宿張灣側高樹蔚繁陰浮雲淡無色睠彼西日馳憂心恒惻惻賴我同心人相期崇令德 樊氏摘稿

王問張灣送客詩旅舍臨官陌秋風一惆然獻書芸閣上歸夢草堂前燕市人初去江天月共憐應尋鹿門隱同宿五湖烟 王仲山詩集

丘雲霄曉發張家灣作舟居變春夏倦與水雲期月明宿沙灣雞聲何咿咿寒烟薄汀渚征人事驅馳長河就東沒明星亦西移鳴鑣揚緇紛策馬縱青羈遠瞪鸞鳳樓有懷金玉姿元髮抱素絲方見治轍轉繁慮積緬邈千古思 止止齋集

林阜寺唐太和中建明景泰五年重修賜額曰興國寺廣福寺本元高麗寺舊址明正統己未更建賜今額圓通寺明洪武庚午年建三寺俱在張家灣又有鐵牛寺孤舟寺 通州志

里二泗近張家灣有佑民觀中建玉皇閣醮壇塑河神像嘉靖十四年道士周從善乞宮觀名賜今額名其閣曰錫禧萬曆十年靈壁侯湯世隆復新之 同上

王嘉謨里二泗東皇祠下作樫桐發春華藹藹照中圃杳渺平湖濶孤帆逗新雨中流見古祠松雲澹群樹舉酒酬芬芳村巫起屢舞雲消蕨初緑蘋香魚正乳但醉不須辭此樂真堪取 薊丘集

虹橋在通州河東三十里 燕石集

天曆元年丞相燕帖木兒將大軍東出薊討禿滿迭兒與王禪前軍戰榆河勦之追殘兵于虹橋北兩軍隔虹橋水為營合兵鏖戰白浮之野大敗之 石田集

孛羅帖木兒諷也速南禦擴廓帖木兒軍也速次良鄉不進而歸永平遣人西連太原東連遼陽孛羅帖木兒患之遣驍將姚伯顏不花統兵出禦至通州河溢營虹橋以待也速出其不意襲而破之禽姚伯顏殺之孛羅帖木兒大恐自將出通州三日大雨而還 元史逆臣傳

宋褧詩野春平碧生煖烟虹橋南畔沙漫天潞陽河上見酒施直下復有釣魚船 燕石集

宣德三年八月車駕發京師渡潞河駐蹕虹橋 宣宗實錄

至治元年七月通州潞縣榆村水決 元史英宗紀

孤山在州東四十里四面平曠一峯獨秀因名靖難初李景隆攻北平燕王自大寧還至孤山列陣于白河西即此 方輿紀要

日下舊聞卷二十六補遺

京畿二

潞高陽氏後邳姓漢屬漁陽 國名紀

屠隆潞河晚泊詩迴浦落帆盡長堤帶郭斜暮烟平吐樹春雨薄沉沙白艇藏漁市黃茆覆酒家一瓢眞水外不復問年華 白榆集

洪武元年閏七月徐達率諸將旣克長蘆直沽進抵河西務郭英首與元兵戰生擒達達判院遇元平章奄卜擊破之距通州三十里爲營深溝高壘爲持久計衆請連攻城英曰吾師遠來敵以逸待勞攻城非我利也宜出其不意破之翌日大霧英以千人伏道旁率精騎三千直抵城下元將五十八國公率敢死士萬餘張兩翼

出戰良久英佯敗敵乘勝來追伏兵起截其軍爲二斬首數千級元知院卜顏帖木兒力戰死之擒元宗室梁王孛羅二十七日夜三鼓遂克通州 鴻猷錄

通州至京城中涂有高米店或呼高碑店按宋洪忠宣皓松漠紀聞云潞縣三十里至交亭三十里至燕今之高米店疑卽古之交亭交高音譌也 潞沙筆綴

然燈佛塔在潞河城北敦峻多級外剎內文中空下實非十丈梯不能上 客雪吟

温陵李贄墓在通州迎恩寺西 同上

范欽出都宿永濟寺作落日促行輈停林賦遠遊霜烏驚不定氷壑凍仍流世態徒青眼風塵易白頭好憑今夜月流影入阜州 天一閣集

建武中漁陽太守彭寵被徵書至明日潞縣火災起城中飛出城外燔千餘家 後漢書五行志

北通州燕山府潞縣也北並海金人每年於此造海船因改爲州 海陵集

正隆四年二月造戰船于通州詔諭宰臣以伐宋事十月乙亥觀造船于通州六年二月徵諸道水手運戰船 金史海陵紀

周麟之造海船行造海船海旁樸斲雷殷山大船闊艦容萬斛小船飛鶻何翩翩傳聞潞縣燕京北木梯翻空浪頭白近年升作北通州謂是背吭宜控扼坐令斬木千山童民間十室八九空老者駕車輦輸去壯者腰斧從鳩工自期鼓楫滄溟臨他時取道膠西

呰檣頭相風風北來飛航信宿趨吳會誰爲此計狂且愚南北土性天淵殊北人鞍馬是長技南人濤瀨如坦途果爾疑非萬全策驅民恐作魚龍食任渠轉海入江來自有周郎當赤壁 海陵集

緱山陳文靖公天祥告歸上遣使追及通州賜楮幣五千緡以無功辭或曰昔二疏去漢未聞辭賞公曰辭受在人何得以前輩相律 歸田類藁

李秉彝仲常通州潞縣人官至工部尚書兩浙轉運使所謂閑邪公也聊城周馳爲作傳趙文敏公書之元史不爲立傳其行事賴文敏之書以傳則史之絓漏不少矣 潞沙筆綴

金海陵煬王謀南侵命戶部尚書蘇保衡造戰船于潞

河建炎以來朝野雜記

正隆庚辰春正月再役天下軍民夫匠不限丁而盡起之委右丞相李通提造軍器于燕山之西北隅遣工部尚書蘇保衡侍郎韓錫郎中張參愈造戰船于通州潞河 正隆事迹

後至元己亥歲廣帥進鰐魚放之潞河滿林木皆梟鳴日夜不止 蛻菴集

先是漕運京糧唯通州倉臨河近便自通州抵京倉陸運四十餘里費殷而增耗不給各處赴京操軍久役苦之劉本道慮二者之病奏將通州倉糧于各月無事之時令歇操軍旋運至京每三十石給貲官銀一兩而漕運之糧止于通州交納就彼增置倉厫三百間以便收貯歲積羨餘米五十餘萬石以廣京儲上賜三品服以旌之本道常州江陰人由掾吏仕至戶部右侍郎 智囊

陸深張家灣棹歌張灣水出北山頭十里洪身九里洲惟有老漁知進退深灘撇綱淺灘挐 儼山集

雙橋在柳巷之西通州大興界也文徵仲出都詩云立馬雙橋日欲斜沙塵吹霧暗征車從今絕跡江南去只見青山不見沙蓋經此地作也 潞沙筆綴

桑絡艮下第宿張家灣詩貂裘敝盡客還家郭隗臺前日欲斜回首鳳城春色好鶯聲啼碎碧桃花 明詩正聲

日下舊聞卷二十七

京畿三　三河　通　漷　寶坻　薊縣

三河縣在州城東七十里 一統志

三河縣本漢臨泃縣地 清類天文分野之書

按前後漢志上谷郡無臨泃縣

臨泃石趙所置亦曰臨渠晉永和六年燕慕容儁伐趙收安樂北平兵糧與其主儁會于臨渠即此城也後魏省 方輿紀要

唐武德二年析潞縣置臨泃縣貞觀元年省開元四年更置三河縣 新唐書

三河以近泃水七度鮑丘臨泃三水而名 郡縣釋名

七度河在縣西北一名黃須水源自順義縣黃須峪流入縣界下流入于白河 鮑丘河在縣西南即白河之別派自密雲縣流經通州東境米莊村又流經縣界至寶坻縣境合于泃河 泃河在縣北自薊州平谷縣流入縣境又東南流入寶坻縣界合于鮑丘河唐志縣北十二里有渠河塘西北六十里有孤山陂溉田三千頃渠河疑即泃河之譌也 方輿紀要

宋初置屬幽州開元十八年改隸薊州 太平寰宇記

後唐長興三年趙德鈞為節度使於幽州東北百餘里置三河縣以通薊州運路契丹來爭德鈞擊却之九月

故城在今縣東三里泃河南旅木衛今三河城即德鈞所設置城方六里濠闊三丈深半之 城已考

元禮部郎中王約有重建三河講堂記亦以縣城始剏于後唐明宗云名勝志

金元並屬通州清類天文分野之書

元丞相脫脫將赴三河陛辭元主錫之宴至夜分脫脫起曰臣明日早行矣半醉半醒過半夜元主笑曰卿明日行亦不必早三更三點到三河脫脫叩首謝盡歡而罷長安客話

縣城高二丈五尺明嘉靖二十九年知縣事張仁增崇五尺至四十二年知縣事劉文彬又增五尺其角樓敵臺則知縣張倫所建也三河縣志

呂高渡三河詩白馬渡三河春風起綠波天圍燕樹合山遶漢宮多落電流弓影青雲濕劍歌邊烽方未息吾敢問漁蓑汀峯集

縣治洪武初建正統間重修儒學在縣治西南金泰和間建元至正戊子教諭劉元皓建文廟兩廡明宣德間重修三河縣志

王約重建三河講堂記禮部侍郎田君嘉甫告予曰吾邑三河始城于後唐明宗長興三年宣聖廟未詳其初而廟之講堂乃金泰和五年蒲察㬚剏焉榜之曰明道迄今將百年而摧圮無餘令尹劉君鐸自元貞二年宰是邑即明道故基而爲堂費不擾民而厥績告成焉吉金貞石志

三河驛在縣南關正德初併公樂夏店二驛剏之者嘉靖二十九年知縣張仁重修今廢縣志

李貢併三河驛記三河縣東有驛曰公樂西有驛曰夏店皆去縣二十里使者東西至以驛在野且臨衝不止宿必抵縣宿先是巡撫都御史平湖屠公勳請併于縣爲三河驛爲衆議廢格正德辛未貢檢舊牘乃運二驛舊材併作成之甚速由是東西使者至皆領于驛縣釋重累爰刻銘于石曰漁陽之西潞河之東有三河縣處乎其中兩驛距縣各二十里使者不留必縣是止前賢謀國節財裕人并二爲一道里亦均我聞于朝天子曰可經之營之有堂有廈昔者候更輟食而嗟今領于驛寧其室家昔者邑民苦于帳具今領于縣有害斯去事雖由我恐蔽前賢刻銘于石與永歲年 同上

泃河石橋俗名小河橋在縣南門外正德十二年御馬監太監張銳建大學士楊一清作碑記銳邑人也 同上

楊一清新建泃河石橋記三河縣城南百步有河即古之泃河也東通錯橋西達金雞塘境接通薊往來經由之路歲治浮橋以渡河水泛溢橋輒壞僉謂易以石庶可久而工役繁莫之能舉也提督東廠御馬監太監張銳謀于其兄左都督明捐金數千鳩工伐石屬前大同副總兵指揮同知趙杲董其事度之長三十步高五尺廣若干尺以正德十年十月工成 石淙藁

錯橋在縣東五里之七渡河 長安客話

宣德三年七月順天府三河縣奏本縣錯橋東通遼海

西達京師今年五月霖雨山水暴漲壞橋甃石皆缺無使往來不便乞撥軍夫工匠於華山石廠取石修砌庶幾可成從之宣宗實錄

宋褧宿錯橋詩胡來城下錯橋西神樹棲鴉迫暮啼數騎東來飲河水一聲羌管碧雲低燕石集

劉希夔詩錯橋臨七渡山色遶洵陽地脈沿溪潤春流到海長沙容開麗景樹影弄晴光川上情何極東遊憶故鄉名勝志

宣德三年八月丁未車駕發京師戊申駐蹕三河縣東之草橋宣宗實錄

叚家嶺在縣東二十里官道傍方輿紀要

靈山華山聖水山駝山俱在縣北靈山去縣治十五里

三面出泉形勝記所謂北倚靈山者也又十五里為華山一名兎兒山即香河縣駱駝港之源水遶駝山而北故名其地又有石城青梁諸山口聖水山在縣西北二十里又十五里為鳳凰山名勝志

三河縣西北有泉汲以洗目可愈目疾因名聖水長安客話

泥窪鎮在縣西二十里有巡司又西十里曰夏店有五槐公館又西二十里曰烟郊與通州接界有官兵戍守方輿紀要

金中都轉運使劉樞墓在縣西五十里縣志

劉樞字居中通州三河人天眷二年進士張浩營建燕京宮室選樞分治工役官至中都路轉運使大定四年

卒于官金史本傳

三河縣多曠土宜耕屯有唐會莊爲昔將墾殖之址忠政考

武清縣在州城南五十里明一統志

在漕河之西二十五里漕河圖志

武清本漢雍奴縣地屬漁陽郡清類天文分野之書

雍奴藪澤之名四面有水曰雍不流曰奴漢光武建武二年封潁川太守寇恂爲雍奴侯魏遣張郃樂進圍雍奴即此城矣水經注

彭寵攻朱浮于薊帝使遊擊將軍鄧隆救薊隆軍潞南浮軍雍奴後漢書

晉屬燕國後魏仍屬漁陽郡方輿紀要

隋屬涿郡唐屬幽州天寶初改爲武清縣清類天文分野之書

唐改雍奴爲武清其舊城距白河十七里在今丘家莊南城邑考

至德二載正月李忠臣以步卒三千自雍奴爲葦筏過海舊唐書

五代宋金並因舊名元屬大興府至元十三年割屬漷州明仍屬通州清類天文分野之書

洪武初舊城遭水患遷縣于西八里元衛帥府鎮撫衙即今治也正德六年罹流賊之變知縣陳希文始築土垣嘉靖二十二年霸州兵備副使楊大章以垣内多曠地截去東北二面築土城樹以女墻隆慶三年巡撫都

御史劉應節總督軍務兵部侍郎譚綸甃以磚城周圍一千五百七十丈高二丈七尺雉堞一千九百八十八敵臺一十八座三門各建城樓北面無門建鎮雍樓武清縣志

縣治在城北儒學在縣治之南同上

法昌寺在縣治東北永樂十八年建寰宇通志

潞水店在縣北三十里往來孔道也方輿紀要

中衛屯田世祖至元四年於武清香河等縣置立十一年以各屯地界相去百餘里往來畊作不便遷于河西務荒莊楊家口青臺楊家口等處元史兵志

至元二十四年正月以修築柳林河隄南軍三千浚河西務漕渠元史世祖紀

至元二十五年內外分置漕運司二其在外者于河西務置司領接運海道糧事元史食貨志

二十六年五月發武衛親軍千人濬河西務至通州漕渠二十九年二月發通州河西務粟賑東安固安薊州寶坻縣饑民元史世祖紀

河西務十四倉曰永備南倉永備北倉廣盈南倉廣盈北倉充溢倉崇墉倉大盈倉大京倉大稔倉足用倉豐備倉豐積倉恒足倉既備倉元史百官志

河西務在縣東北三十里自元以來皆爲漕運要途明初大軍由直沽敗元人于河西務今爲商民攢聚舟航輻輳之地設戶部分司駐焉隆慶六年築城環之可以守禦有河西驛并置巡司於此方輿紀要

隆慶四年八月築通州河西務城 穆宗實錄

河西務漕渠之咽喉也春夏之交病涸夏秋之交病溢濱河建有龍祠以時祭禱兩崖旅店叢集居積百貨爲京東第一鎮戶部分司於此榷稅 長安客話

傅若金河西務詩驛路通畿甸敖倉俯漕河騎驄西日去帆聽北風過燕薊舟車會江淮貢賦多近聞愁米價素食定如何 傅與礪詩集

王懋德過河西務詩霜滿平隄柳漸凋月移帆影過東橋臥聽柔櫓鳴秋水絕勝鄰雞報早朝 文翰類選

吳寬宿河西務遇雪詩客懷牢落鬢毛斑水宿淹旬去路艱一夜雪花如席大始知身已到燕山 匏翁家藏集

李東陽舟發張家灣宿河西務作蒼茫正合塵中眼縹緲真乘水上舟江月海雲疑是夢畫圖詩卷坐消憂沙邊細浪隨鷗鳥樹裏青山入柁樓行過驛亭三十里五更風急住灘頭 懷麓堂集

靳貴宿河西務詩信宿河西務離心日幾回望凝天闕近門訝使車來寒氣著人薄晴光向客開明朝須早發匹馬上金臺 戒庵集

江以達河西務夜談地官詩沙黃日赤天欲暮長河簇濤風力怒遠樹全分薊北門行人正滯河西務緘書寄與地官郎可惜相逢不盡觴扁舟兀兀共誰理回首故人空斷腸 午坡集

樊阜河西務詩遠樹蒼茫夕照低短蓬沽酒泊河西

王孫歸去春無力莎草含烟綠未齊 樊氏摘稿

鄭伯與河西務詩早向河津涉東風意盎然碧迎堤上柳青鎖渡頭烟鶯語聲猶澀花飛色轉妍春光憐已暮更憶五湖船 修吉堂稿

白河在縣東三十五里即運河也北接漷縣南達天津 方輿紀要

泉州城在縣東南四十里漢縣屬漁陽郡後漢因之晉屬燕國北魏太平眞君七年廢入雍奴 同上

沽河東南逕泉州縣故城王莽之泉調也 水經注

泃水又南入鮑丘水又東合泉州渠口故瀆上承雍池水於泉州縣故以泉州爲名北逕泉州縣東又北逕雍奴縣東西去雍奴故城一百二十里自虖池北入其下

歷水澤一百八十里入鮑丘河謂之泉州口陳壽魏志曹太祖以蹋頓擾邊將征之從泃口鑿渠逕雍奴泉州以通河海者也今無水 同上

烏丸承天下亂破幽州畧漢民合十萬戶遼西單于蹋頓尤彊公將征之鑿渠自呼沲入泒水名平虜渠又從泃河口鑿入潞河名泉州渠以通海 三國志

至元十三年七月以楊村至灣雜泊漕渠迴遠改從孫家務 元史世祖紀

至元十九年用丞相伯顏言初通海道漕運抵直沽以達京城立運糧萬戶三以羅璧與朱淸張瑄爲之璧首部漕舟由海洋抵楊村不十日入京師 元史本傳

楊村驛在縣南五十里建文三年平安敗燕兵于楊棱

進攻通州不克宣德初駕征高煦駐于楊村即此舊有巡司今革管河通判駐焉方輿紀要

顧夢圭夜泊楊村詩秋風嫋嫋燕山外海月娟娟潞水隈萬里舟航心已倦六年宦轍夢初回金莖不對文園渴羽扇難遮紫陌埃寄語三江好泉石征夫還逐雁南來 旅贊錄

楊村而東二十里爲桃花口又二十里爲丁字沽由楊村而西北四十里爲黃家務又三十里爲河西務皆運道所經也 輿程記

縣南百里有韓家村河泊所今廢 縣志

至元十三年八月穿武淸蒙村漕渠 元史世祖紀

郭守敬言通州以南於藺榆河口徑直開引由蒙村跳梁務至楊村還河以避浮雞洵盤淺風浪遠轉之患 元史本傳

縣南八十里有三角淀周迴二百餘里即古雍奴水也笥溝其別名耳水自范甕口王家陀河及劉道口魚兒里諸水滙丁大沽港入于海 名勝志

南極滹池西至泉州雍奴東極于海謂之雍奴藪其澤野有九十九淀 水經注

武淸三角淀云是舊城陰晦之旦漁人多見城堞市里人物塡集 燕山叢錄

淸沽港在縣南八十里西接安沽港東合丁字沽入于海丁沽東南去天津六十里 方輿紀要

沽河從塞外來南過漁陽狐奴縣北西南與濕餘水合

爲沽河又東南至雍奴縣西笥溝又東南至泉州縣與清河合東入于海 水經

笥溝濕水入焉俗謂之合口也 水經注

至大二年十月渾河水決武清縣王甫村隄潤五十餘步深五尺三年二月委官督工修治至五月工畢延祐元年六月渾河決武清縣劉家莊隄口差軍七百與東安州民夫協力同修 元史河渠志

完顏佐初爲武清縣巡檢完顏𤱶住爲椰口鎮巡檢久之以佐爲都統𤱶住副之戍直沽寨 金史

至元二十五年四月增立直沽海運米倉 元史世祖紀

羅璧督漕至直沽倉潞河決水溢幾及倉璧樹柵率所部畚土築堤捍之 元史本傳

至大二年四月摘漢軍五千給田十萬頃于直沽沿海口屯種三年四月市耕牛農具給直沽酸棗林屯田軍 元史武宗紀

延祐三年正月改直沽爲海津鎮 元史仁宗紀

延祐七年四月海運至直沽調兵千人防戍至治元年三月發民丁疏小直沽白河五月海漕糧至直沽三年二月海漕糧至直沽 元史英宗紀

泰定三年八月作天妃宫于海津鎮 元史泰定帝紀

天曆元年九月募丁壯守直沽 元史文宗紀

至正九年四月立鎮撫司于直沽海津鎮十一年六月發軍一千從直沽至通州疏濬河道 元史順帝紀

至正十七年毛貴率賊衆由河間趨直沽遂犯漷州 元

史列傳

二十六年六月命知樞密院事買閭以兵守直沽 元順帝紀

直沽河淤數年中書省委崔敬浚治之給鈔數萬錠募工萬人不三月告成 元史本傳

直沽設廣通倉 元史百官志

元都于燕去江南極遠而百司庶府之繁衛士編民之衆無不仰給於江南自丞相伯顏獻海運之言而江南之糧分爲春夏二運蓋至于京師者一歲多至三百萬餘石民無輓輸之勞國有儲蓄之富豈非一代之良法歟初伯顏平江南時嘗命張瑄朱清等以宋庫藏圖籍自崇明州從海道載入京師而運糧則自浙西涉江入淮由黃河逆水至中灤旱站陸運至淇門入御河以達于京後又開濟州泗河自淮至新開河由大清河至利津河入海因海口沙壅又從東阿旱站運至臨清入御河又開膠萊河道通海勞費不貲卒無成效至元十九年伯顏追憶海道載宋圖籍之事以爲海運可行於是請於朝廷命上海總管羅璧朱清張瑄等造平底海船六十艘運糧四萬六千餘石從海道至京師然剏行海洋沿山求嶼風信失時明年始至直沽時朝廷未知其利是年十二月立京畿江淮都漕運司二仍各置分司以督綱運每歲令江淮漕運司運糧至中灤京畿漕運司自中灤運至大都二十年又用王積翁議令阿八赤等廣開新河然新河候潮以入船多損壞民亦苦之而

忙兀觧言海運之舟悉皆至焉於是罷新開河頗事海運立萬戶府二以朱清為中萬戶張瑄為千戶忙兀觧為萬戶府達魯花赤未幾又分新河軍士水手及船于揚州平灤兩處運糧命三省造船二千艘於濟州河運糧猶未專於海道也二十四年始立行泉府司專掌海運增置萬戶府二總為四府是年遂罷東平河運糧二十五年內外分置漕運司二其在外者於河西務置司領接運海道糧事二十八年又用朱清張瑄之請併四府為都漕運萬戶府二止令清瑄二人掌之其屬有千戶百戶等官分為各翼以督歲運至大四年遣官至江浙議海運事時江東寧國池饒建康等處運糧率令海船從揚子江逆流而上江水湍急又多石磯走沙漲淺

糧船俱壞歲歲有之又湖廣江西之糧運至真州泊入海船船大底小亦非江中所宜於是以嘉興松江秋糧并江淮江浙財賦府歲辦糧充運海漕之利蓋至是博矣初海運之道自平江劉家港入海經揚州路通州海門縣黃連沙頭萬里長灘開洋沿山嶼而行抵淮安路鹽城縣歷西海州海寧府東海縣密州膠州界放靈山洋投東北路多淺沙行月餘始抵成山計其水程自上海至揚村馬頭凡一萬三千三百五十里至元二十九年朱清等言其路險惡復開生道自劉家港開洋至撐脚沙轉沙背至三沙洋子江過匾擔沙大洪又過萬里長灘放大洋至青水洋又經黑水洋至成山過劉島至芝罘沙門二島放萊州大洋抵界河口其道差為徑直

明年千戶殷明畧又開新道從劉家港入海至崇明州三沙放洋向東行入黑水大洋取成山轉西至劉家島又至登州沙門島於萊州大洋入界河當舟行風信有時自浙西至京師不過旬日而已視前二道爲最便云然風濤不測糧船漂溺者無歲無之間亦有船壞而棄其米者至元二十三年始責償於運官人船俱溺者乃免然視河漕之費則其所得蓋多矣 元史食貨志

元自世祖用伯顏之言歲漕東南粟由海道以給京師始自至元二十年至于天曆至順由四萬石以上增而爲三百萬以上歷至元後歲運之數漸不如舊至正元年益以河南之粟通計江南三省所運止得二百八十萬石二年又令江浙行省及中正院財賦總管府撥賜諸人寺觀之糧盡數起運僅得二百六十萬石而已 同上

朱張海餉自三山大洋徑至燕京且言自古所未嘗行此道昉自今始然杜少陵出塞詩云漁陽豪俠地擊鼓吹笙竽雲帆轉遼海粳稻來東吳越羅與楚練照耀輿臺軀又昔游詩云幽燕盛用武供給亦勞哉吳門持粟帛汎海凌蓬萊然則自昔燕地皆海運非始于今矣 浩然齋視聽抄

海漕運米南土給餉京師內置漕運使司暨萬戶府十京畿外立都漕運萬戶府于吳會歲運米三百五十萬石北抵直沽漕運萬戶之在內者部署其官數往翼舟航交受所運達之京倉朝廷又選官接臨交護名曰接

運 柳待制集

世祖定都于燕合四方萬國之衆仰食于燕以中吳水所聚也故建漕府萬艘如雲畢集海濱之劉家港於是省臣漕臣齋戒卜吉于天妃靈慈宫卜既協吉仍率其屬鳴金鼓以統漕建纛置牙莫敢後先每歲春夏運糧舟將抵直沽即分都漕運官出接運中書省復遣才幹重臣從至海壖交卸石以數百萬計而較計至于合勺顆粒畸不得虧盈不得溢是亦難矣 玩齋集

元海運自朱瑄張瑄始歲運江淮米三百餘萬石以給元京四五月南風至起運得便風十數日即抵直沽交卸朝廷以二人之功立海運萬戶府以官之賜鈔印聽其自印鈔色比官造加黑印朱加紅 草木子

朱清張瑄者海上亡命也久爲盜魁出没險阻若風與鬼刼畧商販人甚苦之至元二十一年伯顏建議海運乃招二人授以金符千戶押運糧三萬五千石仍立海道萬戶府三以清瑄與羅壁爲萬戶轄千戶百戶所領虎符金牌素銀牌船大者不過千石小者三百石自劉家港出楊子江盤轉黄連沙觜月餘始至淮口過膠州牢山一路至延真島望北行轉成山西行到九皐島劉公島沙門島放萊州大洋收界河兩月餘抵直沽實爲繁重至元二十六年增糧八十萬石二月開洋四月直沽交卸五月還復運夏糧至八月回一歲兩運是時船小人多恐懼至元二十七年朱萬戶請長與李福四押運自楊子江開洋落潮東北行離長灘至白水綠水經

黑水大洋北望延真島轉成山西行入沙門開萊州大洋進界河不過一月或半月至直沽漕運利便是歲加朱爲浙江省參政張爲浙江鹽運司都運如是者二十餘年大德七年捐兩浙上戶自造船與脚價十一兩五錢分撥春夏二運延祐以來各造海船大者八九千小者二千餘石歲運三百六十萬石京師稱便迤南番貢亦通蓋自上海至直沽內楊村馬頭凡一萬三千三百五十里不出月餘可以達省費不貲若長樂港出福州經崇明以北又自古未有之利也我朝洪武三十年猶倣其制歲運七十萬石以給遼東至永樂間通會河成始不復講廣輿圖

景泰元年漕粟十五萬自丁沽直沽舟行抵雄縣分給軍餉此路至今可通行也筆記

正德五年六月罷濬沽河之役先是巡撫都御史劉聰建議開濬自沽河抵碭湯橋以便輸運至是工部言其非便罷之武宗實錄

正德十六年九月工部覆進洋運糧指揮王瓚奏直沽東北有新河以轉輸薊州所司不及時疏導河流阻澁必候潮至舟乃可行以致邊餉毎匱請濬之使深廣以通歲漕從之世宗實錄

嘉靖元年正月命工部主事江珊會同巡按御史天津兵備督理新河工程先是海口淤塞漕舟從天津出海復折入梁河而達薊州道遠水湍舟數敗議者謂直沽東北岸有二道一曰新開一曰水套北接梁河徑四十

里可以疏濬成河改由北道無涉海之虞謂之新河行之天順閒民大稱便後歲久湮塞漕臣以爲言工部議委官督濬疏珊名以請從之 同上

燕南之地以水爲固畿內千里之水皆會于直沽武淸之三角淀卽古之雍奴長澗百餘里寶坻之七里海亦渺然巨浸皆在直沽之內今不引之相通而更障之置巨壑於無用之地不惟河流不安亦且天險弗設良可憾已 經世挈要

直沽在縣東南一百二十里衛河白河丁字沽合流于此又東南四十里名海口通典謂之三會海口元於此置海津鎮天順二年議自小直沽鑿河四十里達薊州以免海運每三年一濬尋罷 方輿紀要

三沽者丁字沽西沽直沽並禹跡疏導之處其曰丁字沽者以河形三岔如丁字也合衛河白河會于直沽相縈入海土人呼直沽曰大直沽 長安客話

大河以北之水多從直沽入海此卽古者九河入海之處地勢卑下過霖潦直與海平昔人嘗欲因其塡淤置稻田以足賦今府境諸水類以直沽爲壑 武淸縣志

小直沽有巡司 同上

元臧夢解直沽謠雜還東入海歸來幾人在紛紛道路覓亨衢笑我蓬門絕冠蓋虎不食堂上肉狼不驚里中婦風塵出門卽險阻何況茫茫海如許去年吳人赴燕薊北風吹人淚如砥一時輸粟得官歸殺馬椎牛宴閭里今年吳兒求高遷復禱天妃上海船北

風吹兒墮黑水始知溟渤皆墓田勸君陸行莫忘萊州道水行莫忘沙門島豺狠當路蛟龍爭寧論他人致身早君不見賈胡剖腹藏明珠後來無人鑒覆車明年五月南風起猶有行人問直沽 寰宇通志

黃鎮成直沽客行直沽客作客江南又江北自從兵甲滿中原道路艱難來不得今年却趂直沽船黑洋大海波連天順風半月到閩海只與七州通賣買嗚呼江南江北不可通只有海船來海中海中多風多賊徒未知來年來得無 秋聲集

傅若金直沽口詩遠漕通諸島深流會兩河鳥依沙樹少魚傍海潮多轉粟春秋入行舟日夜過兵民雜居久一半解吳歌海戍沙爲堡人家葦織簾使收通漕米兵捕入京鹽蟹憶霜時賤蚊愁夏夜添南人倚船坐閒愛草纖纖 傅與礪詩稿

王懋德直沽詩極目滄溟浸碧天蓬萊樓閣遠相連東吳轉海輸粳稻一夕潮來集萬船 長安客話

張昱輦下曲國初海運自朱張百萬樓船渡大洋右訓不教忘險阻御厨先飯進黃粻 張光弼詩集

王洪過直沽城詩水出漁陽地山橫薊北天高樓瞰海日遠嶼入江煙市集諸番舶軍屯列郡田風高激刁斗露重濕旌旃匪獨關河壯由來節槩全精忠亘雲朔勁騎出幽燕大漠黃塵外三韓落照前將詩定懷策不用繞朝鞭 毅齋集

徐石麒夜發靜海抵直沽作禾黍高低弄夕曛漁燈

天津橋俗呼新河店橋元總管郭汝梅建在縣西北二十五里 同上

棗林在縣西北元致和元年上都兵破通州燕帖木兒與戰于檀子山之棗林敗之至正十八年山東賊田貴等攻漷州至棗林敗元兵遂略柳林逼畿甸檀子山或曰縣境小阜也 方輿紀要

柳林在縣西元至元十八年如漷州又如柳林是後以柳林可游畋之地建行宮于此 同上

至正十五年三月毛貴犯漷州至棗林樞密副使達國珍戰死遂略柳林 元史順帝紀

毛貴略柳林劉哈喇不花時爲同知樞密院事奉詔以兵拒之戰于柳林大捷貴衆悉潰退走 元史本傳

天順七年四月新建弘仁橋成橋在南海子東墻外舊名馬駒橋水自城西南經南海子出歲以木爲橋水漲即衝去往來者病涉上憫之發帑金數萬改建石橋因命閣臣李賢陳文彭時往觀焉賢言工役浩大莫若用軍士一月人給銀一兩則力齊而工易完從之橋成改名弘仁命賢爲碑記 實錄

李賢敕建弘仁橋碑記都城之南一水橫流於巽方其源由兌而坤而離四來沮洳會而爲河至巽乃大有一津焉在南苑之左去城四十里凡外郡畿內之人自南而來者東西二途胥出此渡東之大而駕者小而挽者物類之馱者人之有肩負者騎者步者紛紛絡繹四時不休有力者每歲爲駕木橋然寒沍之

零亂破黃昏樹蒸夜氣三分雨帆掛秋風一葉雲江
海金鉦傳古戍直沽牙閫駐新軍援遼已竭東南力
何日辰韓始策勳可經堂集

無名氏直沽櫂歌天妃廟對直沽開津鼓連船柳下
催驪酒未終舟子報柁樓黃蝶早飛來雲帆十幅下
津門日落潮平不見痕葦甸茫茫何處泊一燈明處
有漁村蘼蕪楊柳綠依依檣燕檣烏立又飛賺得南
人歸思緩白魚紫蟹四時肥黃圖雜志

楊柳青地近丁字沽四面多植楊柳故名于文定慎行
詩楊柳青垂驛蘼蕪綠到船潘舍人季緯詩客路蘼蕪
綠人家楊柳青長安客話

楊青驛在縣東南一百五十里舊置驛并遞運所於此

嘉靖十九年改置于天津衛今屬河間府靜海縣方輿
紀要

謝遷楊柳青詩直沽南頭楊柳青昔時楊柳今凋零
霜風滿地散黃葉河邊寂寞雙郵亭人道垂楊管離
別北往南來競攀折我來袖手憐枯枝躑躅臨河駐
旌節五雲回首懷漢宮丹楓轉眼經霜空李梅冬實
豈隹味垂涎奔走嗤狂童陽回萬物自生色幹旋造
化慚無力百年心跡歲寒同却憶南山舊松栢木翁
歸田稿

高承埏過楊柳青作柳梢青詞春事今年山桃無恙
花朵依然細雨霑沙歸雲逗日淺碧羅天青青楊柳
隄邊且繫住烏蓬小船荻笋新芽河豚欲上拚醉罏

前稽古堂集

新莊在縣西南八里亦運河所經今爲新莊舖又縣有八里莊正德中流賊劉六等作亂官軍擊之于八里莊敗績方輿紀要

縣西南三十里有長城故址延袤數百里相傳戰國時燕所築縣志

霍堡在縣西唐武德初竇建德攻幽州不克乃分兵掠霍堡及雍奴等縣爲幽州總管羅藝所敗堡蓋居人霍氏所築以自固也方輿紀要

遼重熙八年二月獵于武清寨之葦甸遼史

寶坻縣在州城東南一百二十里明一統志

寶坻漢泉州縣地後唐於此置鹽倉金初爲新倉鎮大

定十二年置寶坻縣方輿紀要

以香河縣近民附之承安三年陞盈州爲大興府支郡以香河武清隸焉金史

泰和四年州罷仍爲寶坻縣元屬大都路清類天文分野之書

劉晞顔新建寶坻縣記幽州秦爲上谷郡歷漢魏至隋唐或爲燕國或爲廣陽國或爲涿郡或爲范陽郡廢置更易不常唐末劉仁恭帥燕其子守光僭稱燕置盧臺軍於海口鎮以備滄州後唐莊宗命大將周德威破燕軍于平岡復收盧臺軍同光中以趙德鈞鎮其地遂因盧臺鹵地置鹽場又舟行運鹽東去京國一百八十里相其地高阜平潤因置榷鹽院謂之

新倉以貯鹽復開渠運鹽貿于瀛莫間上下資其利清泰三年晉祖以遼主有援立之勞遂以山前後十六州遺遼改爲燕京因置新倉鎮其後居民漸聚成井肆遂於武清北鄙孫村度地之宜分武清潞縣三河之民置香河縣仍以新倉鎮隸焉皇朝天德間詔建都于燕京於時畿內重地新倉鎮頗爲稱首以榷院自趙德鈞刱始以來歷遼室及本朝二百年每歲所出利源不竭以補國用故也主上中興撥亂反正思補正隆殘弊命有司改榷鹽院署置使司陞爲五品設副使之官傔從俸秩視諸刺郡以重其事於時居人市易井肆連絡加之河渠運漕通于海嶠篙師舟子鼓楫揚帆懋遷有無雖千里之遠旬日而至稻

粱黍稷魚蟹不可勝食而材木亦不可勝用也大定十有一載辛卯冬至郊天後鑾輿東巡幸于是邦歷覽之餘顧謂侍臣此新倉鎮人烟繁庶可改爲縣明年有司承命析香河縣東偏鄉閭萬五千家爲縣謂鹽乃國之寶取如坻如京之義命之曰寶坻列爲上縣著于版籍是歲春除令丞簿以典其事粤有縣令振威將軍王誕來尹是邑縣丞忠武校尉李願主簿儒林郎李拱昌縣尉昭信校尉孫告中叅豫連判以備其職時坊郭居民千有餘家自餘村閭著爲四鄉東曰海濱南曰廣川西曰望都北曰渠陽縣治草創未有公廨縣僚乃相地之宜於渠水之南大覺招提之西卜爲縣廨招提之東縣丞主簿公署次之又於

縣北郛郭之外卜尉廳焉方營建間吏民鼓舞莫不子來不一二年皆以郎叙於是礱石以紀其實

縣舊爲土城弘治間知縣事莊禪始易之以甎高二丈六尺周一千二十八丈厚與高等池濶倍之門四其名循金之舊門各建樓東觀瀾南迎薰西拱恩北威遠水關二北開源南節流角樓四東北挹青東南環碧西南慶豐西北樂治合而名之曰拱都城有吏部侍郎王鏊左春坊吳儼二碑寶坻縣志

縣治金大定間相地在大覺寺之西元季兵火無存洪武元年遷于城之西南隅三年縣丞柳青重葺儒學在縣治東北元大德二年中書省左丞劉深宣慰使都元帥朱斌御史普顔創立至正十年監邑黑厮彦明重修有雷州路總管府經歷鄭憲撰記洪武七年知縣事何文信即學宮之右闢地建射圃亭自爲記弘治間知縣事武尚信復修之鉛山費宏作記同上

舊縣治在東門大覺寺内有古鐘傳自東海浮來名勝志

僧洪源自潁州來居寶坻建彌陀菴於城南後趺坐而化其徒闍維之烈焰已絶色身如故乃作龕供之髮鬖鬖長月一削之後爲女子摩其頂髮遂不長燕山叢録

金張瓚大覺寺記下管院在新倉水南始遼重熙間老僧常住建彌陀佛舍後趺坐而化火之不灰夏臘七十餘其徒二八以師像立于佛側已而髮再生盈

月則剃爲女子所汙而止二僧傳其法度沙門五人志普志言志名志遠志月自是佛宫日廣建毗盧殿尋更爲十方院遼之天慶六年也其後又建彌陀殿與兩廡及藏經之所又冶鐘既成將建樓而二僧行超遇疾以貞元初年十二月逝僧善和主寺建窣堵以葬其師又建内經一藏漆函金飾工制瑰瑋刻毗盧壇覆以毳幔珠纓寶幟文采燦然又建東堂及鐘樓開園鑿井甃垣一周於是僧徒伐貞石屬西來客張瓚書其事瓚爲孔氏學若浮屠非宿所嘗見和師不忘祖功有足嘉者於是乎書 寳坻舊志

按張瓚記鐘爲寺僧行超所鑄東海浮來之說傳之者妄也

廣濟寺有遼碑二一銀青榮祿大夫檢校司徒宋璋佛殿記太平五年立一重熈五年立 縣志

寳坻城中有石幢高三丈凡七級石上雕刻工巧中貫鐵柱頂以金爲之金皇統中建俗傳下有海眼 長安客話

朔霞寺在縣西五里 縣志

淤泥河在縣西北二十五里 同上

潮河閌自縣西北金陵口坻縣東南江湟口二百餘里 同上

潮河在縣東二十里一名白龍港其上源一自遵化縣之黎河一自三河縣之洵河鮑丘河至縣界三叉口合流亦曰糧運河東南入于海志稱縣治東北有渠河自

香河縣來蓋泃水經香河縣而後東入縣界故縣有渠陽之稱 方輿紀要

寶坻縣潮河經其東三叉緯其北渠水遶西而絡其南白龍港自薊州而通于天津橋頭由夏店而合于三叉所謂四水瀠洄也 縣志

渠河水自香河縣蒲石河東注流經城池內開源水關入城經武曲橋直注文昌閣下過文明橋西抵文廟之泮池復南流由通津橋出節流水關蜿蜒百里至八門城會潮河入海 同上

王甫營在縣北三十里又縣北八里有橋頭店縣東南百二十里有黃沽店俱官軍巡戍處 方輿紀要

羅將軍墓在縣北羅村卽羅士信也征高麗經此道卒瘞焉 名勝志

按新唐書士信從秦王擊劉黑闥洛水上得一城守之城陷不屈死王購其尸以葬初士信爲裴仁基所禮及東都平出家財斂葬北邙以報德且曰我死當葬其側至是如所志然則士信之墓當在北邙矣

椰沽河在縣東北三十里玉田縣之水會流入縣境曰椰沽河下流注于白龍港 方輿紀要

三叉城在縣東北 名勝志

歇馬臺故址在寶坻縣南五里相傳金章宗駐蹕處 長安客話

秦城在縣南十里秦始皇并燕築城置戍唐太宗征高

蘆臺軍在縣東南一百六十里後唐同光中劉守光所置俗名將臺 名勝志

後梁乾化三年三月朔晉周德威拔燕蘆臺軍 通鑑

趙德鈞祠在蘆臺巡檢司德鈞鎮蘆臺軍榷鹽院其所置也 名勝志

金至寧元年八月衛紹王遇弒是日海水不潮寶坻鹽司懼其虧課致禱無應九月宣宗即位乃潮 金史五行志

大都之鹽太宗丙申年初于白陵港三义沽大直沽等處置司設熬煎辦世祖至元二年又增寶坻二鹽場十九年改立大都蘆臺越支三义沽鹽使司一二十五年復立三义蘆臺越支三鹽使司 元史食貨志

張斛蘆臺峭帆亭詩高秋客未還何處望鄉關喬木蒼烟外孤亭落照間雨晴山覺近潮滿水如閑目斷峒陽路歸雲不可攀 元好問云漁陽有峒陽故詩中多及之 中州集

蘆臺聖母廟距縣治一百六十里 寶坻舊志

元平州路廉訪趙鑄重修蘆臺興寶聖母廟記漁陽東南三百里有蘆臺焉而海背山左踞曠野右跨大河地僻而卑民勤而野男薪女汲聚土而煮之成醝而後已舟車水陸運之于民令貴富賤貧庵倪大小均食之日獲萬緡以輸公府向者大安末河朔不逞之徒嘯聚山谷後天下華人獲小康歲次庚寅國朝設十路徵收所選通古今練錢穀明儒術閑吏事者

麗嘗駐蹕焉方輿紀要

城內有金大定十年所建舍利磚塔縣志

縣東南有草頭湖遵化豐潤縣境之水流入縣界溢而爲湖會潮河入海方輿紀要

自寶坻之草頭沽至豐潤之黑雞地宜各以衛兵守之籌兵三十六字

縣東南有七十二沽縣志

梁城在縣東南境五代劉仁恭築其子守光爲燕王時據之名勝志

梁城即今梁城所在縣東一百四十里明置梁城守禦千戶所縣志

七里海在縣東南一百三十里同上

七里海計二百五十二里有荒地二萬一千五百餘頃太監汪直立莊于其中相傳爲御用監公物而民墾其內者一千四百六十餘頃嘉靖初有姦民以水退地百餘項欲奪民業投獻內監民訴之闕下遣主事柴儒往勘還奏曰民之久業輸糧飼馬煎鹽出稅養生送死出于其中不宜漁奪惟水退堪熟地可入本監然亦當聽民漁獵樵採上曰地既勘明如擬撥給內監餘悉與民世宗實錄

畿輔東南諸淀鉤連會于直沽武清有三角淀寶坻有七里海足以浸灌千頃田今皆棄爲汙池誠師虞集海田之議用脫脫營田之規墾之歲可得粟百萬斛也經世挈要

以補之前學士陳公秀玉爲舉首充燕路長前太學正趙德輝副之明年辟鑄行提領關防鹽使司事於是集場中遺民五七人俾誅茅剪棘拾瓦礫平陷穽屋而居之一日沿水而西見有廟巍然牓曰神母詢諸由來僉曰不知獨一老能道之昔五代時南北各據限以疆界幽燕之地鹽絶者歲餘百姓病之忽有姥語人曰此地可煮土成鹽遂教以煮之之法不數日俄失所在居人神之聖母之號實自此始由是公私饒足祈祠下者皆如所請鑄因禱之黎明有告者曰臺南十里皎白如春雪者十數頃其厚寸餘迫而視之則鹽也盡驅土人挾箕筥收之力未竟復嬰而爲水乃作瑞鹽歌以頌之學士陳公亦留詩廟壁後二載粘合公來長鹽政謁聖母祠作者起之闕者補之顛者扶之壞者成之天龍置之于左雷師風伯安之于右廟貌一新焉屬鑄書之刻于石丁未年二月望日也 同上

翰林直學士高鳴興寶聖母廟記至元二年大中大夫禮部侍郎倪德政爲中都轉運使提領稅使司荅木丁同知使事寶坻縣鹽使曹嚴臣副之三人共政動無遺慮而又諮議石慶祥經歷王榮諸椽使交修叅贊盡袪宿弊人誦其德不輟侯聞之曰方今朝廷清明法度修舉吾屬苐行之惟謹何德之有若考其所自神之錫汝不既大矣乎今聖母遺廟雖存風日隤圮苟能完覆其庶幾矣闔場耆舊聞其言庀徒蕆

事不踰歲殿堂門廡煥然一新歲在戊辰副使崔鶚鹽判張仲智李士珍李昭管勾李伯俊劉甫等謀刻石以識本末介詳議張君孝純來請予惟世之人有片能銖效輒自負惟恐人之不我與今侯裕俗之能理財之效著人耳目顧乃溫恭恪遜與人言則歸美朝廷歸德于神之所自可謂賢也矣 同上

高承埏蘆臺聖母廟神絃辭我擊鼓兮渢如神之來兮七十二沽我牲牢兮既薦神之去兮九十九淀煮水兮海堧紛萬竈兮青烟魚龍安宅兮風霧毋作詔我民兮報祀有恪 稽古堂集

紅心陂在縣東南二百里秦始皇所築潮水雖涌而陂不沒 名勝志

元世祖至元十六年金大都屬邑編民三百戶立屯于大都之寶坻縣爲田四百五十頃 元史兵志

吳師道陳教授捕蝗寶坻歌去年之夏譏生螽捕除分道疾如風寶坻從事心獨苦調遝強力休罷癃焚香禱神神與通蝗自相食一夕空大書聯帛擁歸馬見童父老爭言功我聞開元相姚崇按稽古法畀火攻目前除患事應爾潛乎乃在冥冥中當今明良布德澤四錢斗米何難同近聞遺種時出地若遣督捕無如公 吳禮部集

儲巏寶坻道中作黃渡坎西仍渡河行行官樹夕陽多客程莫怨黃昏近明月滿空流素波 柴墟集

漷縣在州城南四十五里 明一統志

在漕河之西三里漕河圖志

縣本漢泉山之霍村鎮遼每季春弋獵于延芳淀居民成邑就城故潞陰鎮後改爲縣在京東南九十里遼史

潞縣漢泉州地遼太平中改爲潞陰縣金因舊名清類天文分野之書

元初爲大興府屬縣至元十三年陞漷州割大興府之武清香河二縣來屬元史

明初復爲縣屬通州寰宇通志

縣舊無城郭正德初知縣郭梅始築土城周圍二里嘉靖二十二年增修之門四北拱闕南迎薰東臨津西通都萬曆四年始甃以磚周圍六百二十三丈高一丈八尺雉堞一千一百八十三濠深一丈濶二丈五尺崇禎八年知縣余應召增高五尺濶五尺漷縣志

吳萊漷州詩數株楊柳弄輕烟舟泊漷州河水邊牛羊散野春草短敕勒老公方醉眠吳淵頴集

陳秀民漷州望古北居庸諸山作古北居庸一望中風沙滿眼亂芙蓉轘車夜轉崑崙脊華蓋陰移太乙峯金口水流終到海玉泉雲起又從龍兩京形勝今如此可擬秦關百二重寄情稿

蔣山卿漷縣曉行作漠漠平沙濶荒荒白日低朔雲孤鴈度昏樹亂鴉棲戍鼓聽猶隔村烟望欲迷關山有戎馬憐爾尚征西南泠集

顧夢圭漷縣行入城半里無人語枯木寒鴉幾茅宇蕭蕭酒肆誰當壚武清西來斷行旅縣令老羸猶出

迎頭上烏紗半塵土問之不答攢雙眉但訴公私苦
復苦雨雹飛蝗兩傷稼春來况遭連月雨縣城之西
多草場中官放馬來旁午中官占田動阡陌不出官
租地無主縣中里甲死誅求請看荒墳遍村塢 洸贇
錄
縣舊治在城南隅元陞爲州遷于河西務至正間復移
舊地改立于城東北隅洪武五年復爲縣仍舊治儒學
舊在縣東南河西務洪武四年遷于縣治西北隅永樂
四年教諭楊溥葺之正統七年知縣王文復葺之天順
八年知縣賈貞復葺之有刑部侍郎董方碑記 漷縣志
岳文肅公正祠在文廟東嘉靖十年勅建春秋二仲月
上丁以少牢致祭 同上

遼統和十二年正月朔漷陰鎮水漂溺三十餘村詔疏
舊渠 遼史聖宗紀
乾統四年十月鳳凰見于漷陰 遼史天祚帝紀
元延祐二年正月發卒浚漷州漕河 元史仁宗紀
泰定四年正月築漷州護倉堤 元史泰定帝紀
天曆二年四月浚漷州漕運河 元史文宗紀
揭傒斯以年七十致事去詔遣使追及于漷南召還撰
明宗皇帝神御殿碑文成賜楮幣萬緡白金五十兩中
官所賜白金數亦如之 黄文獻公集
獨秀園亭在縣北二里遼司徒郭世珍建今廢 漷縣志
馬家莊飛放泊在縣城北八里南新莊飛放泊在縣南
二十五里栲栳垈飛放泊在縣西南二十五里 同上

際不免涉水況秋夏漲即有覆溺艱阻之虞而人之病涉莫此爲甚天順癸未春皇上聞之惻然軫念曰此先務也尚可緩耶乃命創建石橋凡百所需悉出內帑而一毫不干於民應用工役皆以白金傭之聽其自願而不强也十日興造人皆踴躍歡欣爭趨效力不知其勞而木石灰鐵之類率以萬計不督而集橋長二十五丈廣三丈爲洞有九以隴水爲欄於兩傍以障田者精緻工巧無以復加增岸於南北以防衝突爲寺爲廟以資維護經始於是歲四月十五日訖功於十一月初一日總其事者內官監太監臣黃順臣黎賢董其工者工部右侍郎臣蒯祥臣陸祥告成之日上賜名曰弘仁橋乃命臣賢爲撰碑記用示永久臣聞古先聖王之治天下也以不忍人之心行不忍人之政紀綱法度細大具舉而於橋梁道路未嘗不留意焉觀夏令所謂除道成梁月令所謂開通道路可見矣是以利澤及人如天地之於萬物無有不足其分者恭惟皇上復位以來夙夜孜孜躬理政務惟恐一民不得其所出一令也必順于人心行一事也必合於天理眞無異於古先聖王之用心矣今以一津之濟聞之惻然是卽不忍人之心也爲建石橋以便往來是卽不忍人之政也名之曰弘仁蓋弘者廓而大之也仁則不忍人之政也是橋之建信乎能弘其仁矣然歷年之患由此而弭無窮之利由此而基又非經世之遠圖歟嗚呼一橋之利尚不遺焉

況其大此萬萬者乎由是以知皇上擴充仁道被於四海而利澤及人之廣信如天地之於萬物矣故宜大書而特書也既爲之記復系以詩曰大哉元后作民父母民之休戚同其安否所以先王發政施仁憂勤惕厲罔或因循仰惟我皇博施濟衆視民如傷惟樂與共大綱小紀乃舉乃張有或遺者於心則惶都城巽方有水病涉惻然興懷務遂所愜不惜內帑爲建石橋工役之費民無秋毫易危而安利澤惟久億萬斯年厥跡不朽 古穰集

出左安門東行四十里石橋五尺曰弘仁橋橋東碧霞元君廟西向臨橋元君祠在北京曰加廣麥莊橋北曰西頂草橋曰中頂東直門外曰東頂安定門外曰北頂盛莫如弘仁若歲四月十八日傳是元君誕辰士女進香鳴金號衆四十里道相屬也 帝京景物畧

碧霞元君者其說起于華山上有小石池水冬夏不涸因名之曰玉女洗頭盆附會者因謂玉女爲王毋第二女又轉譌而爲太山至使嶽宗之神降若侍衛可笑也 宛委餘編

覺華寺在縣西十八里貞定公主請敕賜額 漷縣志

漷縣西有延芳淀大數頃中饒荷芰水鳥羣集其中遼時每季春必來此弋獵打鼓驚天鵝飛起縱海東青擒之得一頭鵝左右皆呼萬歲海東青大僅如鵲既縱直上青冥幾不可見俟天鵝至半空歘自上而下以爪攫其首天鵝驚鳴相持殞地 燕山叢錄

遼每季春弋獵于延芳淀淀方數百里春時鵝鶩所集夏秋多菱芡國主春獵衛士皆衣墨綠各持連鎚鷹食刺鵝錐列水次相去五七步上風擊鼓驚鵝稍離水面國主親放海東青鶻擒之鵝墜恐鶻力不勝在列者以佩錐刺鵝急取其腦飼鶻得頭鵝者例賞銀絹國主皇族羣臣各有分地 遼史

統和七年春駐蹕延芳淀十一年正月幸延芳淀十三年二月幸延芳淀十四年正月幸延芳淀十五年正月幸延芳淀十八年二月幸延芳淀二十年正月如延芳淀 同上

又統和十二年正月幸延芳淀十三年九月奉安景宗及皇太后石像于延芳淀不言南京按統和四年十月命皇族廬帳駐東京延芳淀是東京亦有延芳淀也 北平古今記

晾鷹臺在縣西南二十五里高數丈周一頃元時游獵多駐于此 方輿紀要

至大元年七月築呼鷹臺于漷州澤中發軍千五百人助其役 元史

呼鷹臺元至大間所築也元人以鷹坊爲仁虞院秩正二品使首相領之可笑如此 穀城山房筆麈

打捕鷹坊萬戶府歲用喂養肉三十餘萬斤 草木子

舊臺在縣西南得仁務西遺址尚存 長安客話

神潛宮在縣西南二十里前代妃嬪從獵行宮也 名勝志

隆禧觀原隰平衍洄流芳淀映帶左右建元以來羽獵歲嘗駐蹕民庶觀羽旄之光臨樂游豫之有賴秋澗集

得仁務在晾鷹臺東名勝志

漷縣得仁務有三大塚相望其西北有岡隆起岡首有洞其中窅然深黑常有以燭入者行里許有瓮瓮貯油一燈熒熒然人間什物俱備試擲以礫即有矢外射其人懼而出葢遼金諸貴人塚也燕山叢錄

晝錦冢在縣南五里相傳漢張京兆塋焉冢廟記

崔氏園亭在漷縣南小安村邑人崔禮仕金爲四鄉學諭金亡隱居于此作園亭盛植花卉以自娛元名人時往游觀焉寰宇通志

白河在漷州東四里北出通州潞縣南入于通州境又

東南至香河縣界又流入武清縣境達于靜海縣界至元三十年漕司言通州運糧河全仰白榆渾三河之水合流名曰潞河元史

白河濵有長陵營馬頭店白浮圈曹家莊諸堤鋪皆運河必經之道漷縣志

泗河在漷縣東四里即運河也四水會流故名泗河一發源自塞外東流經密雲縣與潮河川合流注通州城東北入白河即通州潞河也一自塞外西流入白羊口經榆河下流沙河由順義南界至通州城東北入白河即通州富河也一發源于昌平白浮村神山泉出西南滙爲西湖東入都城積水潭入宮墻太液池南至玉河橋由東南大通橋逕東入慶豐等牐即通會河入白河

一自都城左安門外草橋流入南海子東出弘仁橋由水南新河至張家灣板橋入白河總名運河亦名白河 長安客話

漷河在縣西一名新河自盧溝河分流至縣界析而爲三其正河爲漷河東入白河其一爲新莊河南流入武清縣界其一爲黃漚河東注馬家莊之飛放泊各去縣十里 方輿紀要

兩家店在縣東十二里官道所經也 同上

景命殿在永樂店其西爲保國慈孝華嚴寺護國崇寧至德眞君廟俱萬曆三十六年勅建爲孝定皇太后祝釐地也 漷縣志

明慈聖太后生于漷縣之永樂店事佛甚謹宮中稱爲九蓮菩薩每歲十一月十九日爲其誕辰百官率于午門前稱賀長安百姓婦孺俱于佛寺進香祝釐享天子奉養四十三年古今太后稱全福者所未有也 菊隱紀聞

明神宗御製漷縣景命殿碑文朕惟帝王之興率本毋德華渚洽陽鍾靈肇慶載之詩書炳乎盛矣朕以眇躬御極三十五年仰憑慈訓方內乂安深惟聖母皇太后功德宏茂千古稀聞順天府通州漷縣永樂店乃誕育之地淑氣所鍾宜有表章以示來許用是躬承慈命量度經營中刱慈聖景命殿前門後閣繚以周垣樹三坊於門外左爲保國慈孝華嚴寺右爲護國崇寧至德眞君廟爽闓宏壯足以貽地靈章濟

發稱聖母所爲篤念源本之意告成之日慈顏悅豫朕志用寧爰勅中官守護仍各爲文勒石垂諸永久以朕凉德寧敢方古帝王庶幾此地之無愧于華渚洽陽則有聖母之烈在其垂裕將千萬年則景命亦千萬年朕與内外共祇承之爲紀其事并系之詩詩曰翼翼京邑漷水瀠之璇源遠濬載奠坤維尊靈長樂歡洽重闈緜緜景命百祿咸宜睠兹湯沐啟瑞集禧周原膴膴寶殿攸基重門邃閣崇敞透迤仁祠左拱靈宇右麗甍連棟接鳥革翬飛虹祥式闡慈念載怡爰及薄海耀景咸熙聖母之德綏此蒸黎百千萬禩永永無斁時萬曆三十六年戊申十月 神宗實錄

日下舊聞卷二十七終

京畿三

三河縣有延福寺 元崇國寺碑陰

成化間武清縣民家石臼與鄰家碌碡皆自滾至麥地上跳躍相鬬鄉人聚觀以木隔之木皆損折鬬不可解至晚方息鄉人恠之以臼沈于汚池中以碌碡墜深坎相去各百餘步其夜碌碡與臼復鬬于池邊池上麥苗俱壞鬬猶不輟乍前乍却或磕或觸硜然有聲火星炸落三日乃止 馬氏日鈔

河西務萬曆中重築河隄有關使者米公萬鍾碑又有關壯繆侯廟記 黄圖雜志

米萬鍾重建河西務漢前將軍關壯繆侯廟記畧距雍奴東北一舍而遥有關市焉以其在白河之西曰河西務居然重鎮也故榷部駐是市口舊有漢關侯廟建自勝國一新于弘治丙寅再新于萬曆丁丑至辛亥夏淫霖爲虐隄潰侯之廟正當其衝樓廡雖壞殿宇屹立如故殿右居民賴以存衆荷侯庇復謀所以新廟而鳩工未集明年萬鍾來董關政益以奉錢殿廡門垣丹堊相錯層楹外障可永無虞雍奴故隸涿郡侯與昭烈帝張桓侯奮迹之區神覗宜先及之其爲白河禦灾捍患必然矣侯之封爵或由僞命或後代追尊惟壯繆謚自漢主知侯所樂從故從之 勺園彙

元人海運始于丞相伯顏初伯顏平江南以宋庫藏圖

籍命張瑄朱清等自崇明從海道載入燕京後遂獻海運之議江南之糧分爲春夏二運歲至三百萬餘石其運道初自劉家港入海至海門縣界開洋月餘始抵成山計其水程自上海至楊村馬頭凡一萬三千三百五十里最後千戶殷明畧者又開新道從劉家港至崇明州三沙放洋向東行入黑水大洋取成山轉西至劉家島又至登州沙門島于萊州大洋入界河當舟行風信有時自浙西至京師不過旬日而已明初亦歲運七十萬石以給遼東及會通河成海運遂廢隆慶五年河道潰決戶科給事中宋良佐請復海運時山東巡撫梁夢龍極言可行謂海道多潢猶陸地多岐海人行海猶陸人行陸傍海而行非横海而渡今踏出海道傍海居多

較元人殷明畧踏出之道尤屬穩捷遂以山東布政王宗沭爲總河專司海運至萬曆元年以龍鬬傷七艘議罷 禹貢山水考

朱晞顏直沽詩直沽風月可消愁標落燕山第一州細問花名何處出揚州十里小紅樓 自序詩尾聯以古句盖滑稽也 鯨背吟

張以寧直沽詩野濼天低水人家時兩三雁聲連漠北魚味勝江南雪擁蘆芽短寒禁柳眼緘持竿吾欲往拙宦爾何堪 翠屏集

釋來復燕京雜咏南風吹到運糧船萬斛香秔倍上年傳勅漕臺添氣力賜金多辦太平筵 蒲菴集

洪武元年徐達等規取河北進攻直沽獲海舟作浮梁

濟師常遇春率舟師諸將率步騎夾河進元丞相也速帥衆禦海口望風大潰 鴻猷錄

馬臻舟次楊村作前望同舟遠不分打頭風急御河渾蹇驢無力牽船纜行到楊村日已昏 霞外集

昆田謹按今京東五牌轉進率用驢挽船誦馬虛中詩則在元已然矣

正統戊辰寶坻縣民周本家馬生角長二寸 鬒剔謹奇

普安禪師至温于三河作蓮宮寺 道園學古錄

至正十九年納麟由海道趨直沽山東俞寶率戰艦斷糧道納麟命其子安安及同舟人拒之破其衆于海口 元史

袁桷直沽口詩二水赴滄海客行殊未休漁舟綿病鶴歸棹起輕鷗雨重雲光濕天低樹色浮京塵今已洗從此問菟裘 清容居士集

張翥代祀天妃廟次直沽作曉日三叉口連檣集萬艘普天均雨露大海靜波濤入廟靈風肅焚香瑞氣高使臣三奠畢喜色滿宮袍 蛻菴集

袁桷朱窩楊柳青詩朱窩楊柳青青自愛青青好亦如遠行客相逢不知老 清容居士集

漢安平相孫根碑遷雍奴令先施博愛威而不猛 隸釋

崇禎十五年大盜蘇鳴秋結其黨靳時魁姜討民等聚衆于寶坻之埋珠莊勢張甚時吾鄉高工部承埏知縣事以計擒之縣境以安 黃圖雜志

秦城相傳始皇所築李君虞詩惆悵秦城送獨歸者益

即此地也薊丘雜抄

李益送客還幽州詩惆悵秦城送獨歸薊門雲樹遠依依秋來莫射南來雁縱遣乘春更北飛李益詩集

崇禎十五年四月順天三河縣境內半空中忽墮一龍牛頭而蛇身有角有鱗宛轉呌號於沙土中以水沃之則稍止有司不敢上聞如是者三晝夜乃死烈皇小識

王鐸武清人兒時從比丘知惠所削髮爲僧旣而謝去復爲祗事妖人林福福被逮庖獄中又去鐸好大言背左右疤痕一片似半月背下有七白子似七星股上又有三黑子道逢雷鑾子覩其形貌異之贈以歌有云掩身王禪方顯名里中由此號鐸爲王禪矣是後有蔡鎭劉佐李倉等皆從鐸遊鐸立爲三十六傳頭招致衆姓

爲會或三二百人或四五百人衆五千餘人給以劄劄所書即雷鑾子歌也詐言此屬孫臏留下於是引其衆走房山小西天石經寺創起巍閣閣上以銅三百斤造彌勒佛一座佛後大書赤髮僧人王鐸已置蓮花三千六百瓣每瓣佛一尊已置龕五百每龕佛亦如之已置小石牌一座已又置石牌二座其一座大書天地三陽會首王鐸他皆衆男女名姓已造三陽殿一座中坐混元王佛三尊旁列三十六天將鐸自稱鬼谷王禪三陽老祖封蔡鎭張坤劉保等三十六人爲三十六天將鐸乃著妖書名曰鬼谷王禪度赴龍華寶卷二本書辭多譎怪不可曉是歲萬曆已卯也張坤見黨日增恐事覺至東司房以實告東司房因劾奏其事逮捕鐸等就吏

獲妖書及違法物詔下鎮撫使鞫問辟服論罪 萬曆武功錄

文皇帝定鼎幽薊嘗海運米七十萬石至直沽交卸以實京儲故道猶存 海運編

中州 五代會要

馬步都指揮使韓令坤為霸州都部署 通鑑

益津關本幽州會昌縣唐天寶中改永清縣 續通典

宋景祐元年省永清縣入文安徙文安縣為州治皇祐元年仍徙舊地 九域志

京畿四　霸州　文安　大城　保定

霸州在京府南二百一十里 元一統志

霸州本秦上谷郡地 太平寰宇記

漢屬涿郡後漢屬廣陽國河間郡晉屬燕國章武後屬河間燕郡 輿地廣記

後魏屬章武郡 方輿紀要

隋初屬瀛州大業初屬河間涿郡 清類天文分野之書

唐初屬幽州天寶初屬范陽郡五代石晉時入于契丹 方輿紀要

周顯德六年夏四月庚寅韓通奏自滄州治水道入契丹境柵于乾寧軍南補壞防開游口三十六遂通瀛莫

辛卯上至滄州即日帥步騎數萬發滄州直趨契丹之境壬辰至乾寧軍契丹寧州刺史王洪舉城降丁酉至獨流口泝流而西辛丑至益津關契丹守將終廷輝以城降自是以西水路漸隘不能勝巨艦乃舍之癸卯入瓦橋關於是關南悉平 通鑑

五月以益津關爲霸州割文安大城二縣隸之地望爲中州 五代會要

發濱棣丁夫數千城霸州命韓通董其役辛亥以侍衛馬步都指揮使韓令坤爲霸州都部署 通鑑

益津關本幽州會昌縣唐天寶中改永清縣 續通典

宋景祐元年省永清縣入文安徙文安縣爲州治皇祐元年仍徙舊地 九域志

遼高勳爲南京留守宋畧地益津關勳擊敗之遼史

政和三年陞永清郡靖康初入于金天會七年置信安軍屬河間路貞元二年屬中都路元屬大都路清類天文分野之書

明初以州治益津縣省入仍曰霸州方輿紀要

州以霸水名郡縣釋名

州城舊傳燕昭王所築名勝志

霸城宋將楊延朗修葺以控契丹當時號爲北方重鎮沿城有七十餘井亦延朗所鑿謂之護城井長安客話

景泰五年四月修霸州土城實錄

州舊有土墉蓋金元時所築弘治中始甎甃北面正德中復修完三面嘉靖十九年增修城邑考

城高三丈五尺周環六里餘堞一千五百一十有二城下濠深一丈二尺廣七尺門三東曰臨津南曰文明北曰瞻極北甕城門曰迎恩東曰旭升南曰向離西不設門而樓臺具爲霸州志

州治在城西隅洪武庚戌建儒學在州治東元初建皇慶三十年置贍學田有碑

王思誠重修廟學記爲政之道其所始在於厚風俗厚之之本必由于學校是以教隆於上則俗美于下理之必然也百里之邑千里之郡推而至於天下豈異是哉國家崇儒重道內立監學外而郡邑皆設學官誠以風化之所係也人才之所出也至正十一年春奉訓大夫兗州王公從善來守霸郡視篆之初卽

拜謁先聖廟見其墻垣廢傾齋舍罔有講習無所施迺顧瞻太息謂學正孟之晉曰學校不治則風俗何自而易移人才何由而作興豈非承流宣化者之責歟於是令民子弟之俊秀者即入學肄習權葺一室使之受業公首捐俸金以作新學校而謀於同僚同僚僉允亦各捐俸以助民之好義者効其力不日而得錢若干緡遂市瓦木重修講堂三間剏建東西齋舍十有二楹築墻周圍務以堅固踰月而功畢上不廢于公帑下不擾于民庶昔也荒蕪如彼今也輪奐若此使師生有所依教養有所設將見風俗淳美人才輩出公之承宣德意可謂知所本矣公前任松江府推官治獄明恕平反甚衆人人誦其廉明自南而來者口不絕稱今公之守覇郡甫下車善者趨而迎奸者畏而遁葺弊起廢號令一新士庶歌于途農民樂于野修堤堰一十八里及南北兩關橋道井井有法民之感戴其能已乎之晉以狀來盛稱公念念不忘于學校不可不記其事壽于金石俾異時爲政者有所取法幸爲之記余聞而韙之則復之曰昔文翁治蜀至今聲名照映簡冊者以爲治之有所本也王公以學校爲先其文翁之心哉余亦有說焉興作學校固郡守之職然典教者能以守之心爲心則教養可期其效苟非其人則亦徒爲虛舍爲守者能不憾歟今之晉乃鄒國公五十二代孫德性純厚文學克裕則教養之施公可無憾矣公字仲祥世居兖之滕

村性鞭宜決疑剖事無畱難此特記其政事之大畧爾當有執史筆者詳書之至正十一年立石

州城南十五里宮家灘舊有益津書院元時宮君祺建翰林學士黃溍記之萬曆初知州錢藻備兵霸上移建城內即公館一區加黝堊焉仍扁曰益津書院長安客話

黃溍宣聖廟學記霸州之益津人宮君祺即其西鄉所居宮哥莊作學舍合韓謝莊子弟肄業其中且爲廟像先聖先賢以春秋旦望奠謁如學宮法念無以示永久爰狀其事走京師請奎章閣侍書學士內翰虞伯生爲之記公方有大論譔未暇如君祺請乃以狀授溍俾執筆而書之溍惟古之施教導民有本有原必由鄉以達於國是以六鄉之吏去民愈近者爲教愈詳一歲之中州長之屬民讀法者四黨正七族師十有四而閭胥則無時焉若夫二十五家之閭則又有門塾而以仕焉而已者爲之左右師雖閭胥弗親也故上之教不煩而民之爲士者恒足賴其詩曰攸介攸止烝我髦士人生其時獨何幸歟今郡邑用著令旣咸得立學承宣德意而崇厲之厥有師帥而鄉閭之教希濶弗講雖朴茂之資何以培其根而達其枝也哉君祺不自耀其材以取顯仕而主昌平之候館固非有長民者之責乃能汲汲焉圖所以私淑其人如此可謂有志于古矣昔者魯修泮宮而春秋

不書說者曰此有國之常事爾君祺之爲葢禮之以義起而出於常事之外者也可無書乎凡廟學總爲屋十餘楹費錢若干緡經始于至順二年春二月而落成于秋八月翰林直學士趙公子昌與君祺居相望實有以相之其來請記則冬十有二月也至順三年立石 黃文獻公集

益津廢縣今州治也 方輿紀要

州城東北隅有潴水故益津縣治也廣三里許中有東岳祠武廟時巨璫張忠所建廟東水曰鹽廠河每歲氷泮輒有水鳥千羣容與其上 霸州志

霸臺舊在州署後圃其後改題于州治左譙樓之臺 長安客話

厖河水在永清縣西南三百步 太平寰宇記

厖河與城南之沙唐二河合即五渠水也俗謂之長鳴溝 名勝志

霸城南沙河與唐河合流處俗呼飛魚口即漁津窪也一名五渠水又名長鳴水 長安客話

後魏延興初文安縣人孫願捕魚于五渠水有羣魚自西來共以柴塞之忽有人謂願曰須臾當得大魚若欲多求宜勿殺也願下網果得大魚狀如鯉而頭大殺食之俄風雨晝昏唯聞鳥飛聲比風息雨霽有人乘船至云見羣魚無數飛入于海願遂不復漁矣因呼入海之處爲飛魚口也 三郡記

王樂善五渠晚渡詩野潦浮平楚扁舟續馬蹄揚舲

風漸緊落日坐全迷林塡漁燈出天空雁陣低川舩歸意懶情與屬幽栖 扣角集

引馬洞楊延朗所穿始自州城中通雄縣 名勝志

州舊有神霄宮在州治之南丁眞人嘗居之 長安客話

霸州酒務四熙寧中權三萬貫 熙寧酒課

澄淸街舊有酒樓元華亭管訥爲學正有東城酒樓花滿煙之句今廢 霸州志

宋端拱二年詔置榷場于霸州便南北貿易 同上

契丹馬三萬餘匹歲牧于雄霸間謂之南征馬意欲夸示中國實備燕雲緩急之用 謏夏錄

巨馬河舊在州北宋界河也自保定府雄縣流入 方輿紀要

霸在宋時蓋與遼分界處若今靖邊諸城一垣之外即敵境也州北一里舊有界河相傳楊延朗建草橋于此關因以名 長安客話

塘濼緣邊諸水所聚因以限遼河北屯田司緣邊安撫司皆掌之而以河北轉運使兼都大制置凡水之淺深屯田司季申工部其水東起滄洲界拒海岸黑龍港西至乾寧軍沿永濟河合破船淀灰淀方淀爲一水衡廣一百二十里縱九十里至一百三十里其深五尺東起乾寧軍西信安軍永濟渠爲一水西合鷰巢淀陳人淀燕丹淀大光淀孟宗淀爲一水衡廣一百一十里縱三十里或五十里其深丈餘或六尺東起信安軍永濟渠西至霸州莫金口合水汶淀得勝淀下光淀小蘭淀李

子淀大蘭淀爲一水衡廣七十里或十五里或六里其深六尺或七尺東北起霸州莫金口西南保定軍父母砦合糧料淀𢌞淀爲一水衡廣二十七里縱八里其深六尺霸州至保定軍並塘岸水最淺故咸平景德中契丹南牧以霸州信安軍爲歸路東南起保安軍西北雄州合百水淀黒羊淀小蓮花淀爲一水衡廣六十里縱二十五里或十里其深八尺或九尺東起雄州西至順安軍合大蓮花淀洛陽淀牛横淀康池淀疇淀白羊淀爲一水衡廣七十里縱三十里或四十五里其深一丈或六尺或七尺東起順安軍西邊吳淀至保州合齊女淀勞淀爲一水衡廣三十餘里縱百五十里其深一丈三尺或一丈起安肅廣信軍之南保州西北畜沈苑河

爲塘衡廣三十里縱十里其深五尺淺或三尺曰沈河泊自保州西合雞距泉尙泉爲稻田方田衡廣十里其深五尺至三尺曰西塘泊 宋史河渠志

淳化四年春詔六宅使何承矩等督戍兵萬八千人自霸州界引滹沱水灌稻爲屯田用實軍廩且爲備禦焉 同上

往歲六宅使何承矩因陂澤之地瀦水爲塞欲自相度恐其謀泄日會僚佐泛船置酒賞蓼花作蓼花遊數十篇因命座客屬和畫以爲圖傳至京師人莫喻其意自此始壅諸淀慶曆中内侍湯懷敏復踵爲之至熙寧中又開徐村柳莊等濼於是自保州西北沉遠濼東盡滄州泛枯海幾八百里悉爲瀦濼其濶處有及六七十

里者至今為藩籬而瀦淤之處皆變斥鹵為美田而魚蟹菰蒲之利人亦賴之夢溪筆談

泰定三年都水監言河間路水患古儉河自北門外始依舊疏通至大城縣界以洩上源水勢引入鹽河古陳玉帶河自軍司口浚治至雄州歸信縣界以導淀濼積潦注之易河黃龍港自鑠井口開鑿至文安縣玳瑁口以通濼水經火燒淀流轉入海計河宜疏者三十處元史河渠志

巨馬河自蘆溝河分流經固安縣過州治北東合白溝河後徙流州治西會霸水至直沽入海今霸水淤塞巨馬琉璃諸河復合流經州治北東入東安永清縣界方輿紀要

成化七年十一月霸州知州蔣愷固安知縣賈貴奏霸州城北古有草橋界河一道上接渾河下至小直沽順流東注于海永樂間渾河改西南流道經固安新城雄縣沿至霸州新河一帶水勢不順漸已淤塞累衝決為居民患近日決孫家口東流入河又東抵三角淀小直沽入海乃其故道請因其就下之勢修築隄岸使順流注海上從之憲宗實錄

琉璃河在州西北五十里自良鄉縣合上流諸水東南流入州界會于巨馬河方輿紀要

沙城堤西至臨津固安縣界白廟東抵青口永清縣界信安縣亘八十里明洪武中知州梁伯常築萬曆甲戌副使錢藻增修霸州志

楊奐晚至青口作長年困行役短髮易飄零世事驚春夢交親散曉星燒痕侵路黑柳色夾隄青落日明霞底原情動鶺鴒 還山遺稿

沙城臺山二村皆平壤也土人語云臺山無山沙城無城臺山村在州東 長安客話

普濟寺在州東門外至正二年建 霸州志

栲栳圈在州東十五里隆慶戊辰建安濟橋 同上

會同河在州東十八里上接玉帶河下至蘇橋衆流至此合而爲一所謂苑口秋濤也景泰癸酉建苑家口關弘治甲寅知州事徐以貞造舟三十艘聯以鐵索上布以板隨水升降以通輿馬 同上

苑家口洪濤彌望無際或謂之夾河 方輿紀要

夾河源自上谷涿鹿山合胡良河至州界 名勝志

通濟河由苑家口達栲栳圈經關王堂山川壇折而北入護城河蓋逆流也每秋潦溢舟楫直抵城下 霸州志

橫堤在城東十八里南抵苑家口北抵栲栳圈西來諸水至此壅阻歛入會同河河口狹流卒難速泄致上源爲災副使顧褒議盡决此堤以殺水勢使回臺山注信安或阻之乃止 同上

臨津隄自源州東境接固安揚先務荆垡至州之趙家務臨津經州南關抵苑家口縣延百里弘治戊午知州事劉珩築 同上

普和寺在煎茶鋪城東二十五里堤自劉化營經州城北抵信安鎮知州毛實增築 同上

平曲城在縣東三十二里漢景帝封公孫渾邪爲平曲侯卽此地 太平寰宇記

平曲侯公孫渾邪以將軍擊吳楚用隴西太守侯 漢書

平曲城公孫渾邪卒葬于此俗名花塋墓在霸州東二十五里 長安客話

莫金口城漢封公孫渾邪爲平曲侯卽其地 九域志

莫金山相傳以莫金二姓居此而名宋設莫金口寨于此俗名口頭村 方輿紀要

桃花寨去莫金口五里 元混一方輿勝覽

州東二十里曰臺山九河水所經也臺基三如鼎峙又五里曰雁頭山 名勝志

雁頭山在州城東南三十五里 明一統志

宋有劉家渦刀魚莫金口阿翁雁頭黎陽喜渦鹿角八砦政和三年改劉家渦砦曰安平阿翁曰仁孝雁頭曰和寧喜渦曰喜安 宋史地理志

馬務隄在城東四十里田家口由棘針墳至信安鎮 霸州志

信安城宋之信安軍也 名勝志

城在州東五十里唐置淤口關後没于契丹周世宗收復置淤口寨 方輿紀要

太平興國六年以霸州淤口砦建破虜軍景德二年改爲信安 宋史

信安軍砦六周和軍西五里刀魚軍北三步田家軍東一十里狼城軍東五十里佛聖渦軍東五十里李詳軍

東六十里 九域志

元豐四年割鹿角砦隸信安軍 宋史

金初因宋爲信安軍大定七年降爲信安縣隸霸州 金史地理志

興定四年張甫封高陽公以雄莫霸州高陽信安文安大城保定靜海寶坻武清安次縣隸焉 金史本傳

元光元年移剌衆家奴移屯信安張甫因奏信安本臣北境地當衝要乞權改爲府以重之詔改信安爲鎮安府二年衆家奴及張甫同保鎮安各當一面遂全鎮安未幾衆家奴奏鎮安距迎樂堌海口二百餘里實遼東往來之衝高陽公甫有海船在鎮安西北可募人直抵遼東以通中外之意賞不重不足以使人擬應募者遷

日下舊聞

忠顯校尉仍賞錢五千貫詔從之 金史本傳

張仁義金末徙家益都元太宗下山東仁義乃走信安時燕薊巳下獨信安猶爲金守其主將知仁義勇而有謀用之左右國兵圍信安仁義率敢死士三百開門出戰圍解以功署軍馬總管守信安踰十年度不能支乃與主將舉城内附 元史張禧傳

楊傑只哥從阿术魯攻信安信安城四面阻水其帥張進數月不降傑只哥曰彼恃巨浸我師進不得利退不得歸不若往說之凡三往乃降 元史本傳

文信國被執北行次信安館人供帳甚盛信國達旦不寐題詞于壁調寄南樓令詞曰雨過水明霞潮回岸帶沙葉聲寒飛透牕紗懊恨西風吹世換又吹我落天涯

寂寞古豪華烏衣又日斜說興亡燕入誰家只有南來無數雁和明月宿蘆花或云此鄧光薦詞也詞苑叢譚

元時府縣俱廢方輿紀要

信安軍有永濟渠宋咸平中置塘濼以爲邊備今廢同上

南山在霸州城東七十里喬松修竹周匝十里內有亭臺爲一郡之勝明一統志

高橋淀在州東七十里周三十里西爲栲栳圈泉流所聚也州壤界下西北諸山之水多滙于州境然後東流出丁字沽注白河以入于海弘治中築河隄起涿州東境接固安至州境之趙村務臨津水口經州南關長三百餘里傍植榆柳以爲固其間爲水口一百六十有七

至文安縣之蘇家橋大城縣之辛張口而止今多崩壞方輿紀要

回淀水東西二十七里南北八里霸州至保定軍沿塘岸行其水最爲淺狹元混一方輿勝覽

楊應詢知霸州塘濼之間地沮洳水潦易集居人浮板以濟應詢增隄防爲長衢濬其旁以泄流民利賴之宋史本傳

丁罕潁州人淳化中知霸州河溢壞城壘罕以私錢募築民咸德之萬姓統譜

移剌益爲霸州刺史郡東南有隄久頽圯水屢爲害益增修之民以爲便金史本傳

狼臧城去信安城三十里又十里爲折城宋將楊延朗

屯兵拒契丹于此名勝志

大艮驛在州東八十里方輿紀要

古南關城圖經云趙武靈王所築以朝鮮有關城故此云南關城大城志

沙河在州南與瓦河唐河合流而東灌九河之水滙流于安州雄縣之界溢而東出者也方輿紀要

宣德六年二月順天府尹李庸奏永樂中決新城縣之高從周口衝激泥沙遂已淤塞霸州桑園里朱家莊張貴莊約四里餘毎年水漲無所通泄瀰漫倒流北灌海子凹牛闌佃等處其地不得耕種請量役民丁修理從之實錄

霸水在川南三里白溝河之支流也自雄縣流入境東會于巨馬河今堙廢方輿紀要

霸去都近去海亦近凡雲朔恒代諸山之水由天津入海者必經流霸出丁字沽總稱霸水長安客話

口外諸山之水自京西盧溝橋而下經固安永清至于信安滙于三角淀達于直沽入于海良涿九川之水會于胡良河自楊家務而下經北樂店東過辛店至于信安此霸州以北之水也宣府紫荆白溝諸水自新城而下滙于茅兒灣經保定玉帶河達于苑家口至于信安直沽入于海易安苑肅唐蠡九河之水自雄縣而下東過茅兒灣入于苑家口山西五臺之水自河間而下經任丘滙于五官淀亦入于苑家口此霸州以南之水也南北二川東狹汙淺堤岸蕩蝕不足以容萬派之流水

至則瀰漫無際溢入文安大城積爲巨浸民不得耕治之之法不以壅而以導不先于決口而始于下流按直沽之上有大淀有小淀有三角淀廣延六七十里深止四五尺若因而增益之又爲之隄以停蓄衆水而以委輸于海水有所受然後濬治舊川爲長隄以束之高廣倍于前功使水有所行又多開支河聯絡相屬使水有所分見在窪淀不下數十處各深而隄之使水有所積則雖有淫潦大川瀉之支河析之諸淀瀦之高隄防之可以無患矣 潞水客譚

王世貞霸水夜泊詩高帆去不極天際見人家繫網青楓樹藏身白荻花廻風喧雁鶩隙日出魚蝦亦有乖綸地兵戈敢自誇 弇州山人集

漢光祿大夫周堪墓在城南二里 九域志

雙柳東西二寨相去十餘里 元混一方輿勝覽

正德五年九月霸州劉六劉七齊彥名原係謀逆太監劉瑾門下瑾敗遂糾賊衆流刼地方後又增入楊虎趙鐩 號趙風子 劉惠等共二十五名分爲二十八營共有人馬一十七萬五千各授僞官張打奉天征討元帥旗幟上以金書聯對云虎賁三千直抵幽燕之地龍飛九五重開混沌之天又于老營以大紅綵綴書英雄吞海嶽氣勢轉乾坤攻破州縣幾二百殺死總兵馮禎參將王杲都指揮王保詹濟潘翀同知郁采指揮知縣雜職數十員姦婬婦女磔挫宄殘不可言也所過獄囚即放爲助庫藏兵甲即取爲用又每題詩各地有平欺敵將

虎擒羊縱橫六合誰敢捕又有幾回月下敲金鐙多少英雄喪膽寒之句大略劉六劉七齊彥名等多在河南湖廣而劉惠趙鐩楊虎多在河北山東彼此閒奔走直至山西南直隷方絕時七年冬矣楊虎劉六劉七爲水淹死齊彥名陣亡劉惠射傷自焚獨趙鐩僧服逃至江夏生擒嗚呼擾亂六省延踰二年豈非數也哉 七修類稿

文安縣在州城南七十里 明一統志

文安漢縣屬渤海郡東漢屬河閒國和帝二年置瀛州以縣屬焉 清類天文分野之書

晉泰始元年分瀛州之東平舒文安章武東州置章武國縣在古文安城至後魏太平十一年置瀛州以統章

武縣遂歸瀛州北齊廢章武入文安隋大業七年征遼遂經於河口當三河合流之處劃文安平舒三邑戶於河口置豐利縣隋末亂離百姓南移唐貞觀二年以豐利文安二縣相逼遂廢文安城移文安名就豐利城置文安縣即今理也 太平寰宇記

唐初屬瀛州景雲二年屬莫州周顯德六年屬霸州 九域志

宋景祐元年省永清入文安移州治于此皇祐元年復徙治故地 清類天文分野之書

金大定中徙州治益津以縣屬焉 方輿紀要

元屬霸州明因之 清類天文分野之書

文安潭名潭在縣北一十五里 郡縣釋名

燕王旦發民會圍大獵文安縣以講士焉漢書

漢縣令趙夔創建土城明正德九年知縣事王鼎重修

翰林院侍讀李時撰記文安縣志

李時修城記正德辛未河北盜起摽掠諸州縣文安荼毒最甚坐城之廢故也歲癸酉齊東王君來尹是邑顧而嘆曰民保于城城闕于今城之廢民不能生矣乃集耆老諭之并力交作興役于甲戌三月閱明年乙亥秋訖工焉城周廻九里列雉堞建樓櫓題其門南曰來薰北曰拱辰東曰迎恩西曰永定由是文安之民欣欣焉賴以無恐君名鼎字公實相是役者縣丞王景沂也薇花堂稾

張茂者文安縣大盜也家有高樓列屋深墻窖室招集

亡命劉宸劉寵齊彥名李隆李銳楊虎朱千戶等又納賂于豹房諸近侍太監張忠者號北墳張居與茂通茂結之為兄因得徧賂馬永成于經谷大用輩遂出入禁中嘗侍上蹴鞠倚是益無忌憚庚午春夏間河間參將袁彪數敗茂及諸賊茂窘乃求救于忠忠置酒私第招彪與茂東西坐舉酒屬彪字茂曰此彥實吾弟也今後毋相扼又舉酒屬茂曰袁參將今日與爾一面之好爾今後無寇河間彪畏忠不敢誰何既而都御史寗杲欲擒賊立功有主簿李為巡捕承杲意偽作彈琵琶伶人入茂家且知鄉道杲率驍勇數十人乘其不備入擒之斧折茂股車載以俘餘賊相率至京謀出首追罪忠與永成為之請于上且曰必獻銀萬兩乃赦之寵宸計無

所出潛令楊虎叔近境冀以足所欲會虎焚官署寵宸知事敗乃逃去其徒曰多叅將桑玉受其賂不肯力攻嘗相遇于文安村中寵宸匿民家樓上欲自刭玉故緩之有頃齊彥名持大刀脅官軍敗衂者數十人至樓下彥名曰呼諸敗軍皆呼彥名曰救至矣寵宸遂彎弓注矢以出射殪數人玉大敗引還時辛未六月也及都御史馬中錫奉命討之中錫家在故城懼賊殘其墳墓乃爲招撫之計嘗與賊會飲于桑園時已有詔旨劉六等不赦又懸賞格募能斬之者中錫酒中許以不殺宸曰無多言吾已知朝廷不赦吾輩矣中錫曰無之宸出詔旨于袖中拂衣挺刄而去蓋京師動靜悉先知之以貂璫爲之奥主也 武宗實錄

縣治元皇慶元年知縣事李祐修建明洪武初縣丞鄧士龍重修儒學沿自宋大觀八年元皇慶中知縣楊潤李祐重建泮池東北壁有大觀碑宋徽宗手蹟也 縣志

尚野重修文安廟記文安廟學貞祐甲戌金主南渡焚蕩殆盡僅存大觀八行之碑再歷周宋遼金祚終皇元受命肇開貢舉優復中選草昧漸華世祖潛藩賓禮師儒務先學校至元三年勑上都建孔子廟用敦化源四方萬里莫不知所振厲黽勉從事文安近在畿內無以應德意二仲釋奠即其故基表以草幕苟簡不恭觀者惻然八年辛未縣設教諭以邑儒董君榮爲之董君素有興復議而病未能也即言于縣以國家方事襄樊爲平宋張本不獲所請庚辰以屋貲

錢合若干緡伐木湯川往返千里三歷寒暑衆材始聚瓦甓釘礎黝堊丹漆各輸所有以後爲址卜曰其吉工力並作不期月禮殿四楹鼎鼎宏敞靚深先聖先師十哲像設顯嚴章施可徵如一大府惟從祀之室大成之門經畫井井未克備舉所謂在易之地力盡而休今復七歲矣其在官者主簿姚元縣尉張瑛縣尹楊澗今縣尹李侯佑相繼而輔成之二十八年兩廡翼翼繪像七十二子明年大門言言清靜董君旣沒子道清學正孫禎教諭承其事如君存焉大德辛丑後以講堂前以櫺星至大四年以雀育廡瓦易版以廡初講堂有闕至是戶牖端明階址堅整燦然一新李侯伻來謂余曰文安廟學之廢荆棘瓦礫者

六十年董君父子祖孫勤苦四十餘年卒成盛事請文勸諸石永資名教野旣允佑之請且以廟學之本告之曰古者民以君爲師書曰若有恒性克綏厥猷惟后孔子雖無其位而綏猷修道之統不忍絕也冊定贊修之後理寓於六經六經卽天天卽聖人故自天子以至庶人無一不可以學孔子必反身思誠存心養性得大廟之制而不失其學之實非徒王安石所謂近世法者也邑令與董君父子祖孫之成學廟亦豈韓愈所謂不能修事者哉雖然學必久而後成野喜其民牧學官之克協而將行又慮其始勤終怠而不繼也因并附此以示無窮焉

靈集寺在莊頭村僧文淳撰記內有藏經閣閣後古檜

公神道碑銘天番四序所以表歲成之功地別九州所以分代天之治寒燠之運行叶慶河岳之感應有期是故體五常而承五福賛九德而苕九功盛業克著於旂常佳名攸傳于㝢宇素行蘊蓄於至德積行必貽於後昆傳曰明德若不當代其後必有達人富哉言乎有大唐工部張公孕靈有道之邦懷抱縱橫之畧宏圖推於一德奇表出於萬人操筆運六體之工彎弧倍六鈞之力輕財重義急病攘敵然諾信於友人賙給行於州里不以一隅自束不以一節自持情懷久約常從結駟之遊座列嘉賓遍受脫驂之惠視公家之祿於我如浮雲顧金玉之藏比之於纖芥居如列[illegible]譽若罝郵語默順時浮沉自樂僶俛從事

道進不羈嘗仕本州歷居右職貞元初勅授銀青光祿大夫太子中允四年薨於昌平縣之官舍春秋七十有五旋窆於文安縣之西北安樂鄉原夫人扶風郡太夫人魯氏左廂兵馬使太子詹事福之女行符箴頌禮具蘋蘩後公二十二年而没至是袝焉禮也公諱仁憲字仁憲其先清河人五世相韓文成見稱於漢代三臺輔晉壯武克大於當時昭彰四表厭飫八極祖諱爲瀛州刺史封清河伯遂家於燕王父諱佐明宣威將軍幽州和政府右果毅都尉烈考諱元皎宣節校尉幽州潤德府折衝都尉奕世載德克廣前修輝華閥閱之門錯綜崆峒之秀元子諱神寂無祿早亡嗣子諱光朝冠軍大將軍行左威衛大將軍

二株傳是漢時植 文安縣志

蘇家橋在縣東二十里當往來之孔道靖難初燕王自固安縣渡巨馬河駐師蘇家橋即此 方輿紀要

按蘇橋縣志謂蘇明允故蹟載詩云蘇公曾授文安簿河上蘇橋自昔傳然明允爲文安主簿以修禮書授秩未嘗赴州也

火燒淀在縣東二十五里廣四十餘畝縣境有石溝椰河急河三水皆聚流于此東入衛河達于直沽元志河間府境有黃龍淀自鎖井口開鑿至文安縣玳瑁口通濼水經火燒淀轉流入海今堙廢 方輿紀要

樂巨叔墓在縣東南二十五里樂毅伐齊後從燕入趙毅生間間生巨叔毅封昌國君至漢高祖求毅之後封

巨叔爲華城君卒葬于此 太平寰宇記

元平章政事王伯勝墓在縣治東南二十五里岳村墓道有碑 文安縣志

唐御史董甫墓在城西南安祖店萬曆初土人掘得墓石乃裴晉公撰文 同上

相公莊唐工部尚書張仁憲故里有神道碑在莊北其東南道左有相公祠 同上

唐張仁憲神道碑幽州節度掌書記李儉撰幽州節度叅軍蔡陵八分書并篆額仁憲字仁憲官至太子中允其孫仲武爲盧龍節度使追贈仁憲爲工部尚書碑以大中二年立在文安縣 集古錄目

李儉銀青光祿大夫太子中允贈工部尚書淸河張

檢校國子祭酒遷兵部尚書訓稟義方學該典禮出則推鋒敵居則究韜鈐珠履嘗館於五千鐵衣時驅於十萬勲銘彝器譽冠縉紳銀黃坐致琴筑自娛膺福履以樂天坦襟懷以卒歲積慶垂範高朗令終誕生元臣爲國巨鎮嗣子諱仲武今幽州盧龍節度副大使知節度使兩番經畧盧龍兼元招撫迴鶻等使銀青光祿大夫檢校司空同中書門下平章事兼幽州大都督府長史蘭陵郡王食邑三萬戶星辰降祥而來政清熙帝圖立言而金玉王度嚴干戈以衛社稷推家象以究天人側席求賢勞心致理歷階清級夙奉鴻私洎受鉞專征登庸任相和羮鼎鼐圖治六卿之先爲國幹楨論道三臺之列實生靈之藻鏡爲

明主之腹心伯氏諱仲斌薊州刺史兼太軍營團練等使檢校工部尚書光祿大夫繼續家實蟬聯國禎黄覇爲列郡之雄關羽乃萬人之敵相國有子曰宜方國子祭酒兼御史丞薊州有子長曰得輔國子祭酒兼侍御史次曰得平兼監察御史嬀州司馬敬鉉幽都主部敬殷幽州叅軍洎長房有子曰沛早亡琇兼監察御史有孫曰惠連兼殿中侍御史皆珪璋特達冠蓋相望丹青克紹於形容蘭菊聯芳於英蕤所謂勲業卓冠儒史名家穆然清風高視群品相國以逮事逾遠聿修漸進松楸既行瓏琰永勒景行安仰思之罔寧是用伐石他山建碑立隧以僉居其家嘗窺舊史竊慕華宗授簡勒銘期於直筆盛德難名因

扣絃而常思墮淚謏聞强繹婉黃絹而德媿受辛銘川自泮元黃郎垂載籍華宗上德奇謀異跡聞道赤松受兵黃石道著昭晰慶流輝赫當塗代漢典午承曹地分東西位列畀高爲郎署筆作宰操刀國僑後又代有英髦降及元魏清河連偶爲郡際燕卜鳳戴什公卿窟宅德義泉藪史不絕書士無虛口惟唐八葉誕生尚書文章軌範禮義權輿揮金滿路載德盈車清風穆若待價沽諸泳游道德蘊藉儒史力荷千鈞名馳萬里不享眉壽不登貴仕道邁前修慶流後嗣克生令子實曰時英魁梧器宇性格恢宏爵位隆重度量襟虛業惟匡國惟懷永圖持衡秉鈞杖鉞以壯龜鶴齊年山河比量籍籍群從秩秩德音或臺或閣如玉如金日星照地桃李垂陰雪霽崑岫花繁鄧林著於梧檟刊之彝鼎金石既刻丹青重炳 吉金貞石志

三角城在縣西北二十里石勒築以備燕 太平寰宇記

廣陵城在縣西北二十里與保定縣接界宋時聚糧于此以守益津關 方輿紀要

文安有廣陵趙君神 魏書

趙夔漢武帝時爲文安縣令好神仙値文安大旱乃自焚士人感慕因立祠焉 圖經

趙君廟今名仙公堂在近郭莊 文安縣志

舊文安城寰宇記在縣東北三十里今柳河有古城正當艮隅即文安故城無疑矣上有漢縣令趙夔祠 同上

滹沱河水在縣西北三十里又東溢為趙淀 太平寰宇記

今川原改易滹沱經縣東南不經縣西矣 方輿紀要

文安有狐狸淀 隋書

文安縣狐狸淀俗謂之掘鯉淀 隋圖經

按掘鯉之淀見左思魏都賦

安平砦在縣西北三十里宋置金廢 方輿紀要

武平亭在文安縣北七十二里今名渭城 括地志

史記趙世家惠文王二十一年趙徙漳水武平西二十七年徙漳水武平南蓋是時漳水北入大河也 方輿紀要

易水在縣西自保定縣流入境即沙河諸水下流也 司

上

南北盧蒲城在縣西二十七里齊侯放盧蒲嫳于此 城冢記

魯昭公三年齊侯田于莒盧蒲嫳見泣且請曰余髮如此種種余奚能為公曰諾吾告二子歸而告之子尾欲復之子雅不可曰彼其髮短而心甚長其或寢處我矣九月子雅放盧蒲嫳于北燕 春秋左氏傳

水紋淀在縣西宋起塘濼東自信安軍永濟渠西至霸州莫金口合水紋得勝諸淀為一水今廢 方輿紀要

霸州苦水而文安形如釜底尤為諸水所滙其莌家口會同河與㭕栳圈新挑河各東西相去約二十里北岸屬霸州南岸屬文安各築高堤文安約六七十里霸州

約五六十里屹如長城累年有秋實頼于此但築堤愈高壅水愈甚故議者謂京師之南水害以霸州文安爲之阻也 長安客話

大城縣州城南一百三十里 明一統志

大城本漢東平舒縣屬渤海郡 太平寰宇記

代郡有平舒城故加東地理志曰勃海之屬縣也 水經注

後漢屬河間國晉於此置章武國後魏爲章武郡北齊廢郡爲平舒縣隋開皇十六年於長蘆縣置景州以平舒縣屬焉大業末劉黒闥兵亂河朔侵吞郡縣唐武德四年賊平縣屬景州貞觀元年州廢歸瀛州 太平寰宇記

大城縣五代時置屬瀛州周顯德六年屬霸州 輿地廣記

宋金元仍舊明因之 明一統志

正德七年知縣事石恩始築土城嘉靖中知縣全向貢張應武相繼甃以甎建門樓二隆慶間知縣趙德光補建二樓城周四里一十三步高一丈六尺爲堞一千有九十四門東曰通和西曰安阜南曰明遠北曰恩光環以濠廣六丈崇禎六年知縣毛雲翰復增崇六尺 大城縣志

縣治當城之中洪武元年主簿周自銘創置 同上

學宮在縣治西金天會十二年縣令姚璧建元至正二十三年達魯花赤楊甫重建元末兵燬洪武間縣丞王

請復建弘治三年知縣張津重修增設講堂及光風霽月亭同上

金劉光國重修廟學記昔王仲淹遊孔子廟嘗歎曰大哉乎君君臣臣父父子子兄兄弟弟夫夫婦婦夫子之力也蓋夫子之道具於人心而著於君臣父子兄弟夫婦之倫其教具於六典而行於邦國鄉黨家庭之間自漢唐以至於今莫不知尊其道矣其道尊則其祀亦尊廟貌之崇垂之有永前哲之所以形於歌詠鐫於金石者豈無謂哉平舒公廨之西孔聖舊宮在焉規制太陋瞻視未尊歲久而就圮天會十二年秋九月邑令姚公下車未久一日顧謂僚屬諸士子曰風化之地衰敝若此吾何以辭其責乎乃積良

材運堅甓集衆工以量度之上而殿廡下而庖廄莫不繕治而復賁之墁飾繚之垣堵煥然其一新矣余惟儒學之設明人倫育人才非徒美觀也唐虞三代之盛蓋有自來而秦火煨燼聖學蓁蕪視學宮爲傳舍者衆矣昔范甯宰餘杭性質直好儒學風化大行於期年之後自中興以來莫之或先云今公加意學校可無愧於餘杭風矣然范公之崇學敦教者不止於修葺宮墻公之教平舒也豈無身先士類者乎其於聖經賢傳之大旨君臣父子之大倫禮樂刑政之大法講習討論於師友之間勇往奮迅洗濯刮磨務臻斯道之妙士習丕變與學宮而俱新庶不負夫子之教而造士作人之盛心愈久而不泯也於是乎書

元馬克忠重修文廟記臯宋吕蒙正作孔子廟碑云

聖人之典也能成天下之務能通天下之志然不能免窮達否泰之數是故達而有位則聖人之道泰堯舜禹湯是也窮而無位則聖人之道否我先師孔子是也此時之所值雖殊而功之在天下萬世者則均爾昔者大道既隱其風漸漓英靈始謝於衰周德教方隆於大漢闡邦家之正途播古今之彞憲百王取法千古師宗信乎夫子之道消息兩儀損益三代立三綱而垂五教正禮樂而辨中外其有補於生民而垂之萬世者蓋賢於堯舜而禹湯莫之過也郡縣各立學校以吾夫子爲宗而配之諸賢所以崇德報功

也自兵燹之後積有百年祀典衰而文教微乎餘故有文廟鞠爲湮汚瓦甓剥落廢毁殆盡至今三十三年達魯花赤楊公宰邑下車之初躬謁聖廟覩草莽荒蕪之狀咨嗟瞻顧有感於中乃與其僚屬及諸士大謀曰聖廟未新文風未振尹兹邑者寧無愧乎於是命工庀材規辦貲費相農隙誅茅茨即故基爲築垣墉自殿廡以至齋舍靡不聿新宏敞軒闥璀璨輝煌視昔則加隆矣故崇祀有所而神得其依授教有居而士安其業俎豆生輝儒林生色楊君功在庠序亦偉矣哉爰自經營之日不朞月而落成蓋以候躬親其事榱桷甎埴之類積儲素具無取給於民也宜其成之速而公無廢務民不知勞也邑人張溫劉澤

篝邊覩厥成而樂民之不擾懇余書於石以揚其美乃從而銘之銘曰聖道昭彰兮儒風慶延崇彼廟貌兮厥功茂焉雕甍畫棟兮金碧相鮮琢詞貞珉兮奎壁星聯春秋致祭兮陳其豆籩人文宣朗兮億萬斯年

大城北有子牙堤相傳以爲太公嘗居此所謂北海之濱是也河中有釣臺浮出烟波土人云常隨水高下雖大浸不沒 燕山叢錄

縣北十里所民家耕牛生麟其地名麒麟窪 同上

鳳凰臺在縣東北十五里晉石勒四年鳳凰見于此因築臺 太平寰宇記

黃汊河在縣東北八十里其上源卽易水也自安次縣

分流入縣境又東北入武淸之三汊淀 方輿紀要

秦太子墓在縣城北六十里叚隄村相傳始皇巡狩駐驆于此值幼子薨因瘞之 城冢記

居民向太子冢祈禱無不應者俗呼爲仙人臺 大城縣志

平陵城在縣東北一百一十里漢書蘇建封平陵侯卽此地也 太平寰宇記

滹沱河出縣北一百三十里 同上

永濟渠在縣東五十里 同上

興寧寺在縣東南十五里白楊村唐貞觀年建明成化中重修 大城縣志

唐靳夫人墓在城東南十五里兗州長史靳思室也墓

石尙存 名勝志

章武故城在縣南四十七里漢置縣屬勃海郡武帝封竇廣德爲侯邑仍屬勃海後漢魏因之晉屬章武國後魏屬浮陽郡又析置西章武縣屬章武郡高齊省入平舒縣 方輿紀要

清漳自章武縣故城西故濊邑也枝瀆出焉謂之濊水東北逕參后亭分爲二瀆應劭曰平舒縣西南五十里有參后亭故縣也世謂之平鹵城枝水又東注謂之蔡伏溝又東積而爲淀一水逕亭北又逕東平舒縣故城又東北分爲二水一水右出爲澱一水北注滹沱謂之濊口 水經注

仙人洞在縣南俗名故縣村洞深入不能窮今已閉塞 日下舊聞

孝順窪在縣西艮村相傳唐太宗征高麗萬馬飲之不涸 大城縣志

大城城西五里有古墓近世民竊發之見五色石槨上有王羲之三字乃掩之好事者因立石識其處右軍故琅琊人流寓江左墓本在會稽今大城云云其妄無疑矣然大城外黄皆有右軍祠聞金世貴書至以字工拙進退士故北士多慕右軍而祀之 燕山叢錄

保定縣在州城南四十里 明一統志

保定本雄州歸信縣之新鎮也其形勝乃邊陣之衝要 九域志

太平興國六年以涿州歸信縣新鎮置平戎軍景德元

年改爲保定軍 輿地廣記

宣和七年廢保定軍爲保定縣隷莫州尋依舊 宋史

金爲保定縣屬雄州元割屬霸州至元二年省入益津縣四年復置 清類天文分野之書

保定縣從軍名也 郡縣釋名

保定故城相傳宋團練使楊延朗所築嘉靖庚戌羽書告亟郊圻震驚知縣事崇德呂煥首出俸錢以爲倡乃度地量工斟酌舊址棄東南而依西北以便守也僅五月而告成煥自爲之記 保定縣志

縣治及學宮皆洪武中知縣事張仲謙建 同上

保定軍砦二桃花軍北七里父母軍北一十一里 九域志

政和三年改父母砦曰安寧 宋史

玉帶河在縣北遶縣東南入于磁河或曰即霸水之下流也 方輿紀要

磁河源自安州聚九河之水至雄縣爲瓦濟河至保定縣爲磁河入直沽 明一統志

二里城在縣東北宋時積糧於此 保定縣志

保定堤自路疃村起直抵西營唐頭等村計長四十里其南與文安界而北則霸州也議者謂決霸州之堤以疏水性而築大堤于南以衞文安則畿南十數州可免于水患矣 名勝志

張堪墓在城西南二里 保定縣志

竇建德墓在城西南二十里 同上

按新舊唐書建德於陣前俘獲戮于長安市保定有墓未必眞也

日下舊聞卷二十八終

保定有蔡未必真也

按新唐書建德今於陣前俘獲戮于長安市

日下舊聞卷二十八終

京畿四

周以數千之師伐契丹不血刃而取益津關繼取瓦橋關又繼取高陽關是三關者晉人棄之以爲契丹之元首非特爲其右臂也 嵩山集

世宗由滄州北順水而行先降益津關次瓦橋關次瀛州 演繁露

李歌者霸州人其母一枝梅倡也年十四母教之歌舞李艴然曰人皆有配偶我何獨爲倡耶自是縞衣素裳誓不失身人有過之者李必詢坐中非惡少年乃出儼容默坐不敢以褻語加之有誤犯者拂袖徑起弗少留益津縣令年頗少以白金遺其母欲私之李持刀入室

以巨木撑戶罵曰吾聞縣令爲風化首汝縱不能正而忍壞之耶今冠裳其形而狗彘其行賊爾豈官人耶汝來吾先殺汝而後自殺令驚走時監州聞其賢聘爲子婦猶處女也居數年天下大亂夫婦逃難俱爲賊所執罵賊而死 彈園雜志

霸州守張需見州民遊食者多每里置一簿列其戶戶各報男女大小口數派其合種粟麥桑棗紡績之具雞豚之數徧曉示之暇則下鄉至其戶簿驗之缺者有罰於是民皆勤力無偷惰者 古穰雜錄

馬錄霸州城行霸州城外木繞墻霸州城頭戍卒強四門高樓接烟霧縈迴十里多垂楊去年豺虎滿天地此城南北皆戰場至今落日照白骨血漬野草猶

淋浪當時別縣人皆走此城之人苦相守五馬使君身姓王募招壯士犒牛酒遂令萬夫同一心彎弓罵賊不絶口固安與霸爲隣縣此事分明眼中見乃知設險可守邦區區省費非民便 百愚集

正德中文安縣水忽僵立是日大寒遂成氷柱高五丈周圍如其高中空而旁有穴數日流賊過文安鄉民入氷穴中避賊得全土人謂之河僵 丹鉛錄

高松字守之號南厓子文安人不仕善書擘窠大字寫灰堆山小景并梅菊蘭松壘竹鈎勒甚佳 畫史會要

移剌涅兒詣太祖軍門獻十策帝召見問爾生何地對曰霸州因號爲霸州元帥 元史

石抹孛迭兒仕金爲霸州平曲水砦管民官木華黎率

師至霸州迎降 同上

王孝子原霸州文安縣人父曰珣娶于張生原小字曰其時畿輔役事煩苛比屋流亡珣無所仰賴餬其口四方原稍長數問母父安之母告以故輙哀啼不自勝願求父俱還母泣慰之既受室矣力請于母慟哭而出至燕至趙至齊糧盡行乞于市已渡海抵田横島日夕颶風大作就道左土偶祠假寐夢游僧舍日當午僧炊莎米爲飯推而食之一盂味殊苦復和以肉汁曰甘乎曰甘已復口誦偈授之曰如來如來眞箇來好去好去還須去忽聞剝啄聲而寤則一老父柱杖逍遙來前類有道者原起立須之流涕白所以且告以夢老父沉吟曰日當午者南方也莎草者其根附子也和肉汁者附子

之崇丈有八尺旁植柳以爲固其間爲水口一百六十有七堤既成水乃無患已未霸州城先北面當水衝者以次及其餘城舊無南門樓至是新作之并爲樓于北城與故東西二樓相望皆飾以丹漆基以剛石可久勿壞其外爲濠濠跨四橋于濠上當城之門城之高丈有七尺周六里三百二十步濠之深如城之高而殺其一尺其上爲固防防之上亦樹以柳凡一十七月而隄與城俱竣二役所費薪膏楗瓦木石之類爲錢以四十萬計皆官自經紀不以煩民既訖工又以其餘力作大橋于州東苑家口以濟往來之人新州學祭器師生會食器作順天府行府太僕分寺馬神廟及諸藏庾廨舍壇壝衢路以次一新而民不知費可謂得佚道使民之義矣東江李

燕京行省石抹咸得不遺使來告曰今燕南信安賊張甫等出沒剽掠屢爲民害請一名將拒鎮水泊王命蕭勃爲霸州元帥統精兵五百往拒之魯國忠武王行錄